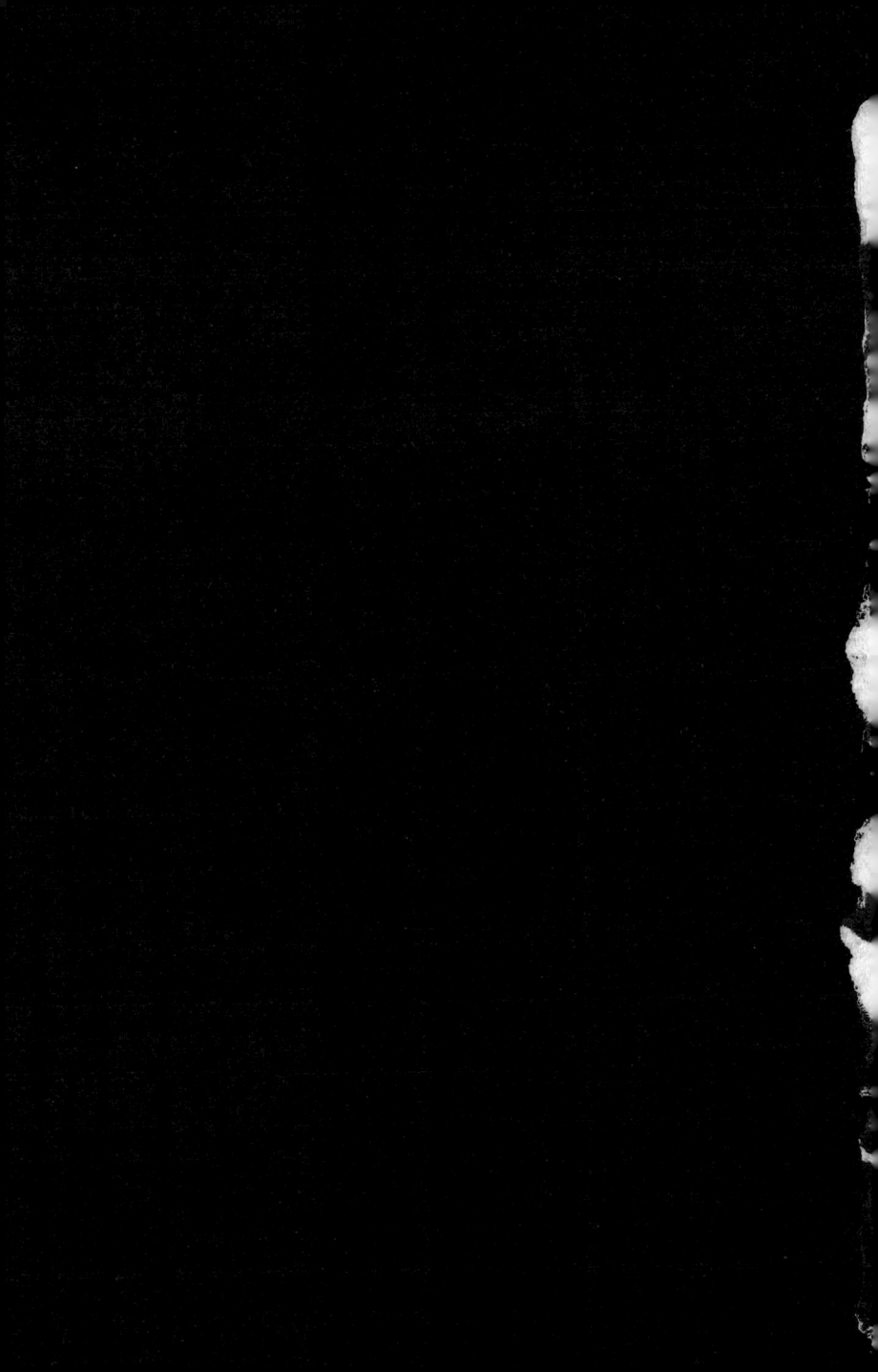

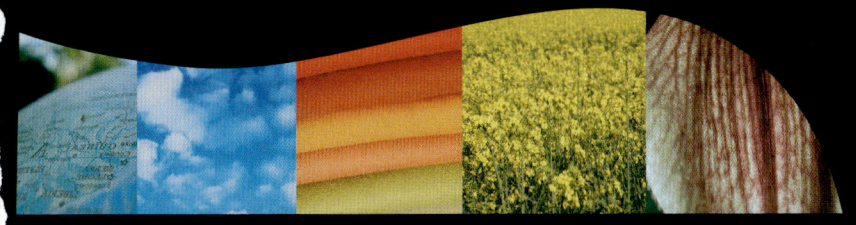

色を生活に取り入れて、
もっと心地よくHAPPYに！！

●

私たちを取り巻く色は無数にあります。
衣・食・住すべてにわたって、心地よい色に囲まれたら、
今よりもっと楽しい時間が過ごせると思いませんか？
誰にでも好きな色、心落ち着く色、
気分にぴったりあった色があります。
色を楽しみ、色と暮らすために、
今日から使える様々なアイデアをわかりやすく
ご紹介したいと思い、この本を作りました。
上手く色を選び、ファッションやインテリアなど様々なシーンに
活かしていただければ幸いです！
この本を読んでくださる皆様が
色とりどりの HAPPY LIFE をおくられることを
願っております。
２００９年１０月
　　　田岡　道子

Color of Life

Contents

What's the color? — 2
色ってなに？ ～実は知らない色の正体、色の不思議～

Story of color — 14
色のおはなし ～さまざまな色の意味や特徴～

赤…14　橙…19　黄…23　緑…28　青…33　紫…38
桃…43　茶…48　灰…53　白…57　黒…61

Food and color — 66
食と色。～最も身近な"食"とそれを彩る"色"の関係～

Personal color — 72
パーソナルカラー ～あなたに似合う色は？～

あなたに似合う色は？…72
実用編…86　メンズ編…102

Wedding color — 112
ウエディング・パーソナルカラー
　　～間違いのないウエディングドレス選び～

〜色を生活に取り入れよう〜

Makeup color 120
〜パーソナルカラーを活かすメイクアップ術〜

Aura color 134
オーラカラー　〜あなたのオーラの色は何色？〜

Interior color 140
色を楽しむ、色と暮らす。
　　　〜インテリアに色を取り入れる方法〜

Color for sales promotion 148
〜企業のプロモーション活動におけるカラーの役割〜

Climatic color 156
日本の風土別嗜好色
　　　〜日本列島好まれる色、嫌われる色〜

Colors in the world 162
世界の色　〜国や地域の特徴は色に表れます〜

京都…162
上海…174　台湾…181　タイ…185　ドバイ…191
モロッコ…200　北イタリア…207　フランス…213
オーストラリア…218

Color of Life

～色を生活に取り入れよう～

What's the Color?

色ってなに？　～実は知らない色の正体、
　　　　　　　色の不思議をお話しします～

■色ってなに？

　私たちが目にするすべての物には色があります。当たり前のように接している色が、もし世界からなくなってしまったら？きっと、花を見て美しいと感じることも、スイーツを前においしそうとワクワクすることも、流行りのファッションを楽しむことだってなくなってしまうでしょう。それほど、色は私たちの暮らしに欠かせない大切なものです。では、色はどうして見えるのでしょう？

色はなぜ見える？

　目の前に１個の赤いリンゴがあります。部屋の電気を消して真っ暗闇にしてみてください。リンゴは赤く見えるでしょうか？暗闇では、リンゴは赤くは見えません。そう。色は、光がないと見ることができないのです。色は、物に固有しているものではありません。光が物に当たると、光の一部が吸収され、一部が反射されます。私たちは、この反射された光を眼で認識し、色を見ています。

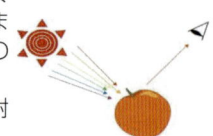

色を見る光

太陽の光は、テレビやラジオの電波、レントゲンのエックス線と同じ電磁波の一種です。太陽の光が発している電磁波のうち、人間の眼に見える範囲を「可視光」といいます。私たちが見ている色は、この可視光が認識されたものです。

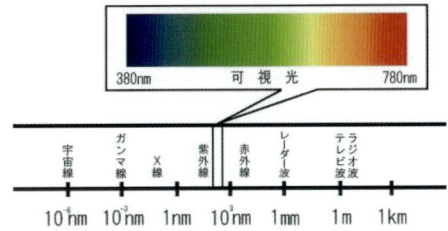

【スペクトルの発見者ニュートン】

万有引力の法則を発見したことで有名なニュートンは、プリズムに太陽の光を通すと、波長の違いによって、虹色に変化する光になって並ぶことを発見しました。この光の帯を「スペクトル」と呼びます。そして、このスペクトルが可視光の正体です。太陽の光は色みを感じない白い光ですが、実は波長の異なる複数の光の集まりなのです。

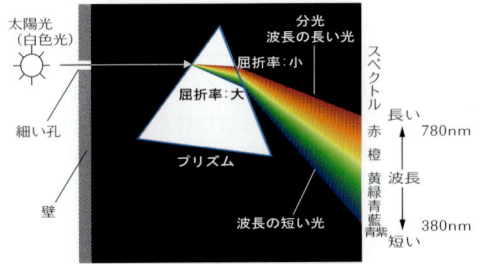

色を見る眼

物に当たって反射した光は、眼の網膜で感知されます。網膜で感知された光の情報は、神経を通って脳へと伝えられ、私たちは色を認識しています。

ところで、人間がなぜ色を見ることができるのか、詳しい仕組みはまだすべては解明されていません。科学や医学の進歩で多くの病気が治せる時代になっても、まだまだ人間には不思議な力が残っているのです。

■原色と混色

2色以上の色を混ぜ合わせて他の色を作ることを「混色」といいます。混ぜ合わせても作ることができない独立した色のことを「原色」といい、原色には、光によるものと、絵の具や塗料などの色材によるものがあります。原色を混色することで、無数の色を作り出すことができます。

光の三原色

光の原色は、赤、青、緑の3色です。色を重ね合わせると、もとの色より明るい色になり、3色を均等に混色すると最も明るい白になります。カラーテレビやパソコンのモニター、スポットライトなどに応用されています。

色料の三原色

色料の原色は、イエロー(黄)、マゼンタ(赤紫)、シアン(緑みの青)の3色です。色を混ぜ合わせると、もとの色より暗くなり、すべてを混色すると暗い灰色になります。カラー印刷は、色料の三原色と黒を使って色を表現しています。

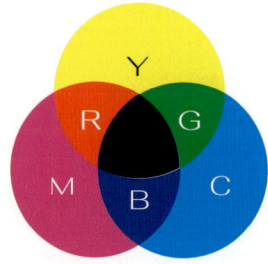

■色を伝える方法
　人間が見分けられる色は、750万色以上といわれています。日常の生活で、そのすべての色の名前を覚えて表現することは不可能ですよね。そこで、色が持つ3つの性質を捉えると、正確に色を伝えることができます。

無彩色と有彩色 ───────────────
　まず、色は、白や黒、灰色のように色みを持たない「無彩色」と、赤や青、緑のように色みを持つ「有彩色」に分けることができます。

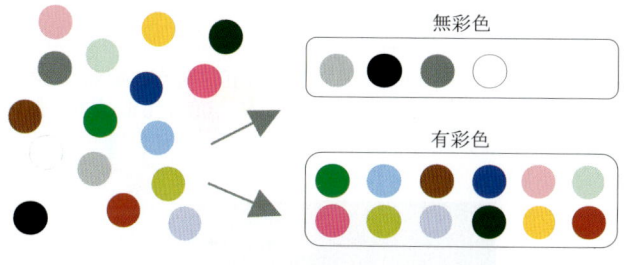

色　相 ───────────────
　すべての色は、赤系の色、青系の色など、それぞれの色みの性質で分けることができます。この色みのことを「色相」といいます。

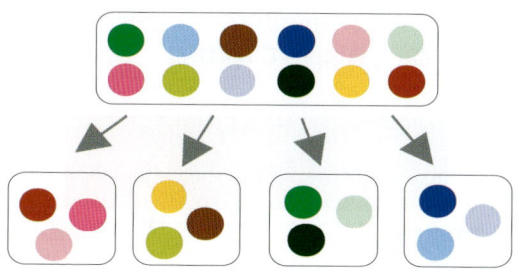

また、色相を虹色の順番に並べて輪にしたものを「色相環」と呼び、色相の変化をひと目で見ることができます。
　色相環で１８０度の位置にくる色を「補色」と呼び、お互いに引き立て合う色です。

明　度

　色は、明るさの性質を持っています。水色は明るい青色、紺は暗い青色、といったように、色の明るさのことを「明度」といいます。無彩色にも明度はあります。

低明度色　←――――→　高明度色

彩　度

　色は、鮮やかさの特徴も持っています。熟したトマトは鮮やかな赤、小豆は鈍い赤など、色の鮮やかさの違いによる分け方を「彩度」といいます。無彩色は、彩度の性質は持っていません。

低彩度色　←――――→　高彩度色

■色のイメージ

　色を見ると、それと関連した物やイメージを思い浮かべることがあります。人によって異なる感情を抱く場合もありますが、ある程度一定のイメージを持っています。主な色のイメージを見てみましょう。

- 熱い・派手・情熱的・危険・エネルギー　など
- 暖かい・陽気・楽しい・元気・親しみやすい　など
- 明るい・派手・目立つ・元気・希望・注意　など
- 若々しい・爽やか・寛ぎ・安定・安らぎ・安全　など
- 爽やか・澄んだ・寒い・静かな・誠実な　など
- 高貴・神聖・気品・優雅・癒し・おとなっぽい　など
- 女性的な・かわいい・やわらかい・甘い　など
- 落ち着いた・温もり・地味な・堅実な・安定　など
- 清潔・純粋・きれい・冷たい　など
- 大人っぽい・上品な・シック・さみしい　など
- 暗い・重い・シック・高級な・フォーマルな・重厚　など

　各色の世界観については、「Story of Color ～色のおはなし～」の章で詳しくご紹介しています。

■色の心理的効果

私たちは、色から様々なイメージやメッセージを受け取ります。例えば、真っ赤なシャツを着た人を見たときに「赤いシャツだ」と感じる以外に派手だと感じたり、黒いアタッシュケースを見たら「重そう」と感じたり。色には、心に訴えかける心理的な効果があります。

暖かい色と冷たい色

赤や橙、黄色は、太陽や炎を連想して暖かみを感じ、青緑や青、青紫は水や海を連想して冷たく感じます。

暖かみを感じる色を「暖色」、冷たさを感じる色を「寒色」と呼びます。

進出色と後退色

同じ距離から色を見たときに、実際より近くに感じる色を「進出色」、遠くに感じる色を「後退色」と呼びます。暖色系の色は進出色、寒色系は後退色です。

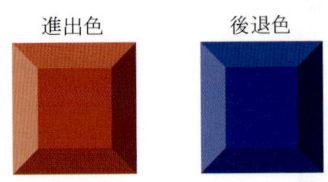

膨張色と収縮色

同じ大きさのものでも白いと大きく、黒いと小さく見えるように、サイズが変わって見えることがあります。白やパステルなどの明るい色は「膨張色」、黒や暗い色は「収縮色」です。

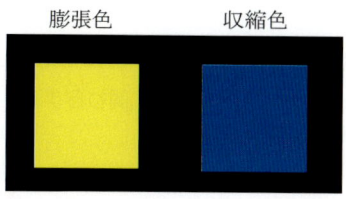

やわらかい色と硬い色

　同じ形のものでは、明るい色や暖色系はやわらかな印象に、暗い色や寒色系は硬い印象になります。

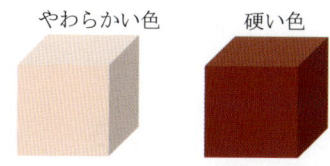

軽い色と重い色

　同じ形。同じ重さの物であっても、明るい色は軽く感じ、暗い色は重そうに感じます。

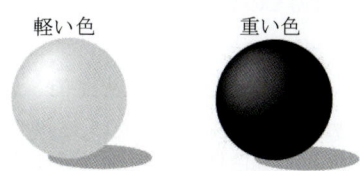

興奮する色と沈静する色

　赤などの暖色系で鮮やかな色は興奮色と呼ばれ、ドキドキして気持ちが高揚し、寒色系の色は鎮静効果を高め、落ち着いてリラックスします。

派手な色と地味な色

鮮やかな色はその色みに関わらず派手な印象を与え、くすんだ色は地味な印象を与えます。

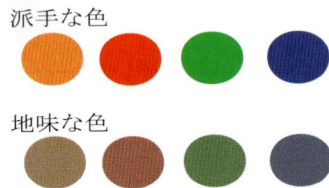

■色の見え方いろいろ

私たちの日常生活で色を見るとき、1色だけを見ることはごく稀です。色は、隣接する色とお互い影響し合って、様々な見え方をします。そこには、人間の眼の働きも大きく関わってきます。日常の生活で感じられる、主なものをご紹介します。

残像

ある色をじっと見つめた後、白や灰色の紙に目を移すと、その色の反対色「心理補色」が見えます。この心理補色を感じることを「補色残像」や「残像」といいます。

病院の手術室と手術着には、青緑系の色が多く取り入れられているのをご存知ですか？これは、手術を行う医師がずっと赤い血を見ているので、補色残像が起こり、壁や手術着が白だと青緑の残像を感じて目がチカチカしてしまうからです。周囲を青緑系にすることで、補色残像を感じにくくし、手術に集中できるように工夫されています。

■赤い星を約1分間見つめた後、右側の黒い点に視線を移してみましょう。青緑の残像を感じることができましたか？

対　比

　同じ色でも、周囲の色を変えると別の色に見えることがあります。色が他の色の影響を受けて異なった色に見える現象を「対比」といいます。

　お友達と買い物に行ったことはありますか？今年の流行色のシャツを見つけて、ふたりで試着。友達はとてもよく似合っているのに、私が着ると顔色が悪い、なんてことを経験したことはありますか？それは、顔の肌の色とシャツの色が対比を起こし、顔色が変わって見えているのです。これがパーソナルカラー診断で、似合う色をみつける基本的な理論のひとつです。

■左右同じ肌色に見えますか？

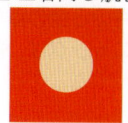 

■左右同じ水色ですか？

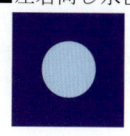 

色の同化

　対比とは逆に、ある色に別の色を少量加えたときに、ある色に近づいて見える現象を「色の同化」といいます。

　スーパーマーケットでネット入りのミカンやオクラを買ったことはありますか？ミカンは橙色ですが、赤いネットに入ったミカンは、実際の色より赤味が増してより熟して美味しそうに見えます。オクラも同様により緑が濃く見えて新鮮に思えるのです。

■背景はすべて同じ水色です。色の変化に気づきますか？

並置加法混色

　面積の非常に小さな、異なった色の点や線が並んでいるのを、距離を離して見てみると、1色1色を知覚することができず、眼では1色に混ざって感じられます。このような見え方は、人間の眼の網膜上で混色されていると考えられ、「並置加法混色」といいます。

　テレビのモニターに目を近づけてみると、赤、緑、青の3色の点が並んでいるのを見ることができます。また、スーラやシニャックは、並置加法混色の見え方を使って点描画を描きました。

■本を遠く離してみましょう。右の図の色に近づいて見えませんか？

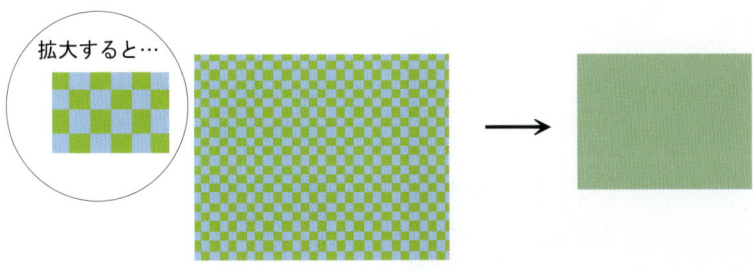

Story of Color

色のおはなし　〜さまざまな色の意味や特徴をお話しします〜

Red 赤

「無意識に訴えてくる注目色」赤

　日本語では「明らかな」「全くの」という意味を持つことがある「赤」。
　その言葉からも分かるように、全ての色の中で最も鮮やかな色で、人の目に真っ先に飛び込んできます。
　人が無意識的に赤に反応するのは、人の遺伝子レベルに基本的に組み込まれている本能であるともいえます。光と動きをぼんやり知覚する生まれたての赤ちゃんですら、初めて目に映すことのできる色は赤です。
　赤を見るだけで、なぜだかパワーや行動力が湧いてきたり、情熱的な感情が溢れ出してくるような、そんな感覚を覚えた経験はありませんか？赤の持つ強い鮮やかな色と同様はっきりとした意思を感じさせるような強烈なイメージをたくさん持つ色ではないでしょうか。

■赤の持つイメージ
　プラスイメージ　　　　　　マイナスイメージ
　活発(エネルギー・活気)　　危険
　行動力　　　　　　　　　　攻撃的
　情熱　　　　　　　　　　　激しい感情
　社交的　　　　　　　　　　争い
　愛情　　　　　　　　　　　自己主張が強い
　歓喜　　　　　　　　　　　警告

■赤とは？～購買を象徴する色～
　普段身の周りにある赤といっても、どのくらいのものを想像できますか？
　赤の効果は絶大です。カラーマーケティングによれば、赤を使うと売り上げが20％前後も上昇するといわれ、赤は「購買色」として効果が絶大なのです。バーゲンやワゴンセール、デパートやスーパーの値札など、その広告や値札に使われているのも赤が多いこと、お気付きですか？
　また、様々な商品がある中で赤い値札がついているものに不思議と目がとまったり、気になって手に取ってしまう、そんな経験はありませんか？
　また、赤は「進出色」といわれ、遠くからでもよく目立ち、近くに見えるといった点からも、購買力ＵＰの要素を兼ね備えた色であるということが分かります。
　人は赤に対し無意識に反応をし、それが得な商品であると知覚しているのです。特に、食品関係のパッケージや飲食店の看板など赤を取り入れる傾向が強いようです。これは、赤が「食欲を増進させる」要素を持つ色であるからです。
　赤い缶の飲料水やお菓子のパッケージ、ファーストフードの看板や、ついふらっと寄りたくなってしまう赤提灯(酒・やきとり・ラーメン)

など、意識的に注目してみれば、赤が食品関連商品によく使われているのが分かります。

■赤の色彩療法
　人の体内を流れる血といえば、もちろん赤ですね。
　では、赤は、私達の心身にどのような影響を与えるのでしょうか。
　赤は、交感神経を強く刺激し、食欲を増進させたり自律神経を活発にさせる働きがあります。また、血圧・脈拍・呼吸数や体温を上昇させる効果があります。とにかく元気になりたい時や、やる気をみなぎらせたい時、赤には身体の中のエネルギーを湧かせる作用があります。
　ほかにも、傷の治りを早める効果や、ホルモンの分泌を活発にする効果があります。赤いパジャマは治癒力を高め、赤い下着は性欲や生殖機能が高まるので、赤ちゃんが欲しい時などに効果的といわれます。
　「赤い下着」の話になりますが、日本においてはクリスマスシーズンに必ず「勝負下着」として赤い下着に人気が集まります。海外においても、赤い下着については様々な言い伝えがあります。中国では、年男・年女が身につけるものとされているようです。イタリアでは、大晦日、年を越す際に赤の下着を身につけると縁起がよく幸福になれるとされ、またドイツにおいても、クリスマスに男性が女性に対して赤い下着をプレゼントすると幸運になるとされています。

■赤の持つ効果～縁起物の赤～
　赤は、決断を表す色ともいえます。
　仕事や受験、底力を発揮させたい時の勝負運やツキを高める効果があります。これは、赤が活力を旺盛にさせ、活動性や情熱を高める気やエネルギーを湧かせる要素を持つからです。
　発言力が増すともいわれています。人に対しアクティブな印象を与えるほか、積極的な発言や自信やエネルギーに満ち溢れた印象を与え、説得力を感じさせます。リーダーシップをとりたい時や、引っ込み思案の人にも効果があるかもしれませんね。
　そのほかにも、赤は「愛の獲得」という意味の「情熱の赤」という言葉を持つ恋愛関係に効果的な色です。ハートマークといえば赤が連想されま

Red

すね。バレンタインデーにも赤が多く見受けられます。恋人同士の指と指に結び繋がれた糸も「赤い糸」です。

このように、赤は恋愛の象徴としても扱われますが、これは赤が「幸福・縁起がよい」とされる色だからではないしょうか。「紅白」は縁起のいい時に用います。

そして、日本では還暦に赤いものを贈る風習がありますが、これも恋愛と同様、幸福や縁起がよいとされ、特に赤い下着は「家庭円満の秘訣(着用することによって心身がリラックスし運気が上がる)」といわれています。

■赤を好む人やその特徴
　開放的で明るい
　積極的・行動的
　感情的(喜怒哀楽が激しい)
　自分の置かれた環境を支配しようとする
　目立ちたがりや
　おしゃべり
　好きか嫌いか白か黒かなどはっきりしている
　意思の強さ

Story of Color

Story of Color

■目にする赤
　ファーストフード店の看板(マクドナルド・ロッテリア・ケンタッキーなど)
　缶ジュース・缶コーヒー(コカコーラ)
　お菓子・チョコレートパッケージ(かっぱえびせん・ガーナ など)
　飲食店の看板(焼肉・赤提灯など)
　ホッカイロパッケージ・福袋や大入り袋(縁起物の袋)
　ポスト
　消火器・消防車
　赤十字
　ランドセル
　ｄｏｃｏｍｏ
　ＪＡＬ
　ＪＴＢ
　無印良品
　デイリーヤマザキ
　笑笑(居酒屋)
　宝くじ売り場
　三菱東京ＵＦＪ
　ユニクロ
　サンタクロースの洋服
　赤ずきん(童話)
　浦和レッズ(サッカー)
　暦の「日曜・祝日」の表記
　東京メトロ丸の内線(電車路線図では特急・急行などの表記に使用されることが多い)
　道路標識(規制標識・赤信号や止まれ・車両進入禁止など、警戒色であることから使われています)

orange 橙

「HAPPYな気分」オレンジ

　誰をも寄せ付け元気にしてくれるオレンジ。
　太陽の恵みを浴びた柑橘系のオレンジやレモンといった果物の持つイメージにぴったりな元気で明るく活発的な印象を受けます。まさに、オレンジはそのような効果をもたらす色です。積極性や活動的な赤と、前向きな黄色を混ぜ合わせて作られるオレンジは、この2色の要素を混在させた赤ほど激しくなく、黄色の陽気さより外交的で、社交性や親しみを表す色です。

■オレンジの持つイメージ

プラスイメージ	マイナスイメージ
陽気	嫉妬
好奇心旺盛	苛立ち
元気	わがまま
楽しさ	おせっかい
親しみ	自己顕示欲が強い

Story of Color

Story of Color

orange

■オレンジとは？～楽しい場所にオレンジあり！？～

　何か楽しいことが起こりそうな、人をワクワクさせ、ＨＡＰＰＹで解放的な気分にしてくれるオレンジ。オレンジは「社交性の色」と表され、楽しさを象徴します。

　また、親しみやすさを感じさせてくれる色でもあり、縁を強めて人間関係を充実させる手助けをしてくれるので、フットワークを軽くしたい時や積極的になりたい時、ＨＡＰＰＹな気分になりたい時におすすめの色です。社交性をアピールしたいパーティー会場へ行く時などに取り入れると、大勢の人との出会いに恵まれ、楽しい時間を演出することができるでしょう。仲間を増やすには「オレンジ」が効果的です。

■オレンジの色彩療法

　オレンジは、食べ物をおいしく見せたり、食欲を増進させる力を持った色です。赤と同様に食欲を増進させ、黄色と同様に腸を活性化させる効果があるため、食物の摂取・吸収・排泄に働きかけ、食欲不振の時や便秘や下痢に効果的です。

　実験の結果、最も食欲を刺激する色であるという事実からもいえるように、細胞の活動を活性化し、生命力を高めます。

　オレンジやレモンなどは「ビタミンカラー」といわれるように、悩んだりしたときに元気なるために必要なビタミン的な存在です。このことからも分かるように、オレンジは、飲食店の看板などにも非常に多く使われています。

　また、ホルモンの調整や成長、生殖器トラブルや気管支炎にも効果があるようです。うつ状態の回避には、実際、果物のオレンジが効果的です。これは、色だけでなく柑橘の果物のフレッシュな香りそのものが気分をリフレッシュさせ、憂鬱を和らげ元気にしてくれるからです。

　赤と同様、赤ちゃんを授かりたい人は、オレンジ色を身につけると良いとされます。また、東南・南西・北の方角にインテリアとしてオレンジ色のものを取り入れると、子宝運がＵＰするそうです。

　出会い運をＵＰさせたい方は、東南にインテリアとしてオレンジを取

り入れてみてください。

■オレンジ色の持つ効果～表裏のオレンジ～
　誰をも寄せ付け、周囲を明るく楽しくＨＡＰＰＹにさせるオレンジ。そんなオレンジのプラス面はよく知られていますが、どんな色にもプラスとマイナスの裏表の性質があるように、オレンジにもマイナス面があります。

　社交性を意味するオレンジ。どんな人にも寄り添っていき、開放的な印象を与えるオレンジであるがゆえ、裏を返せば「異性を意識させない色」とも受け止められることができます。そのため、恋愛感情を持つ異性の前や、恋人関係のような「特別な存在」を表したい相手の前では非常に不向きで、恋愛対象外とされてしまう避けたい色にあたります。
　オレンジという色の印象からは想像できませんが、「心に残らない色」という意味も持ち合わせることや、気軽にその時楽しめれば、といった短絡的思考、誰からも好かれたいという八方美人と受け止められてしまう恐れがあるからです。大事な人の前では控えましょう。
　もちろん、それとは逆に、多くの出会いを求める場所においてはよい効果が得られます。

　もうひとつのマイナス面は、オレンジの持つプラス面があまりに強く出すぎてバランスを欠いた時です。人との関わりを望むがゆえに、お節介や自己顕示欲の強さなどマイナス面と成り得る恐れも持ち合わせます。思ったことをストレートに言い過ぎてしまったり、正義感が強くなり過ぎてしまい、些細な衝突が多くなってしまう要素を兼ね備えています。「～をしてあげたい」という気持ちも行き過ぎてしまえばお節介です。何事もほどほどに、周囲の人から返って信頼を失う

ようなことにならないように注意が必要です。

■オレンジを好む人やその特徴
　人懐っこく社交的で開放的
　ＨＡＰＰＹな気分を楽しみたい
　明るい陽気な笑顔と実行力で前進する
　その場の雰囲気を明るくできる人気者(ムードメーカーやリーダー的
　　存在)
　他人から打たれると深く傷つく
　お節介な一面を持つ
　意外とエロチックな魅力がある人に好まれる
　誰とでもすぐに打ち解ける事ができるうえ、人情味がある
　深刻な悩みや厳格なものを好まない基本的には楽天主義
　大胆な行動をする人に好まれる
　生活や行動が派手になりがちで気まぐれな人が多い
　パーティーや行事といった、賑やかなことや場所を好み、孤独を非常
　　に苦痛と感じる

■目にするオレンジ
　日本郵政グループの郵便局株式会社のコーポレートカラー
　中日本高速道路(ＮＥＸＣＯ中日本)のコーポレートカラー
　牛丼チェーン吉野家の看板
　ＪＲ中央線
　サンフランシスコジャイアンツ・読売ジャイアンツ(野球)
　サッカーオランダ代表のナショナルカラー
　国際救難色(ライフジャケット・救助用浮き輪・レスキュー隊の制服
　　など)

yellow 黄

「コミュニケーションカラー」黄

　黄色といえば、いわずと知れた色料の三原色のひとつであり、光のスペクトルのなかで、明度が一番高い色です。
　目をひきつけ注意を呼びかける効果があるため、交通標識や危険表示、園児や児童の帽子等に使用されます。
　また、低明度と組み合わせることで高い視認性や可読性が得られるので、店舗の看板や企業のロゴにもよく見られます。

■黄色の持つイメージ

プラスイメージ	マイナスイメージ
明朗	警告
愉快	低俗
希望	軽薄
元気	目立ちたがり
快活	卑怯
活動的	裏切り

Story of Color

yellow

■黄とは？〜宗教や風習と関係深い色〜

　古代ヨーロッパにおいて、黄色は太陽の光や美しく実った小麦などを象徴し、重要な位置を占めていました。宗教儀式や花嫁衣装のベールなどに用いられていたようです。

　しかし、中世以降キリスト教社会では、イエスを裏切ったとされるユダが黄色の衣服で描かれたことにより、下劣な色、好ましくない色となりました。罪人や娼婦、ユダヤ人に黄色を身につけさせた時代もあったそうです。

　一方、中国では、自然哲学である「五行」により、大地を表す黄色は国の中心一般庶民には禁色（きんじき）とされていたこともあるようです。
　また、「黄了（ホァンラ）」という言葉が「おじゃんになる、流れる」という意味なので、結婚祝いなどに黄色い物を贈ることはタブーです。そして「黄色小説」や「黄色映画」というと成人向けのジャンルを表します。

　アジアで多く信仰される仏教やヒンズー教においては英知の色とされ、僧侶は黄色の衣をまとい修行をします。仏の言葉を「金言（こんげん）」といい、仏教の世界での最高の存在も黄金色で表します。

　タイでは、自分の生まれた曜日を大切にする習慣があり、それぞれの曜日ごとに仏像や色があります。プミポン国王の誕生日である月曜日には、国民は黄色を身につけて祝います。

　イギリスでは、ハンカチやネクタイなどに黄色を使うと身の安全を守る、という言い伝えがあります。また、隣国のアイルランドにおいては１日に３回黄色いナンバープレートの車（イギリスの登録車）を見るとよいことがあるというジンクスがあります。

　フランスの国際自転車ロードレース「ツール・ド・フランス」では、トップになった選手に栄光の証として黄色いジャージ（マイヨ・ジョーヌ）を着る権利が与えられます。また、同じくフランスでは、妻に浮気をされた夫という意味もあるようです。

yellow

　ドイツやスウェーデンでは、郵便局の色であり、ポストや配達員のユニフォームまでもが黄色です。

　2009年、アメリカ第44代オバマ大統領の就任式でミシェル夫人が身につけたのは、やわらかな陽差しを思わせる黄色のドレスでした。厳しい現実においてもくじけず、明るい未来に向かおうという国民へのメッセージが感じられますね。

　日本でも自衛隊イラク派遣の際、家族が黄色いハンカチを振り、無事を祈る姿が報道されました。黄色の持つイメージ「希望」からきたものでしょう。

■黄色の色彩療法
　身体的影響としては、腸の働きを適度に刺激することで胃液の分泌を促し便秘や消化不良を解消するといわれています。
　左脳に刺激を与え活発にするので、文房具に取り入れたり勉強部屋にアクセントカラーとして取り入れてもよいでしょう。
　暖色のひとつであることから、食欲を増進させる色としても広く知られており、食品パッケージや飲食関係のイメージカラーにも多く使われています。
　「ひまわり」で有名な画家ゴッホ。彼は生涯にわたり黄色を追求しました。
　若い頃は暗い色調の絵の一部に黄色を取り入れ、南仏に移り住んでからは明るい黄色を前面に使うようになります。彼自身も黄色い部屋に住んだそうです。そして、描く黄色の明度は上がっていく一方で、人間関係は上手くいかず、晩年は精神的発作に苦しむようになったそうです。
　明るく輝く太陽のような黄色に「幸せ」や「快活」なイメージを重ねていたのかもしれません。

Story of Color

yellow

　レバーや卵に多く含まれるビタミンB2は黄色い色素をもっています。ゆえにビタミンB2が入った目薬も黄色い色ですし、B2を強化した栄養ドリンクなどを多めに摂りすぎたあとの尿は、濃い黄色をしています。体を元気にしてくれるビタミン剤のパッケージのイメージは、ここから来ているのでしょう。

■黄色の持つ効果〜目立つ黄〜
　ピカチュウやくまのプーさんなど黄色をメインカラーにしたキャラクターも数多くありますが、どれも他のキャラクターより目立ち、またユーモラスで親しみやすい印象です。心を晴れやかにして、無邪気な子供のような気持ちにさせるといわれる黄色。加えて、脳をよく刺激するのでおしゃべりや弾み笑いが生まれます。
　口下手な人でも黄色を身につけることで、場の雰囲気を明るく和やかにすることができそうです。

　児童の持ち物に黄色が取り入れられています。よく目立つので、事故防止にも役立ち、子供らしい色です。安全色彩にも指定され危険を表すときによく用いられています。
　黄色は、人間の目に一番に飛び込んでくる色だからです。

■黄色を好む人やその特徴
　表情が明るく冒険好き
　多くの人々に暖かさを与える
　洞察力や決断力を備えて優れたビジネス頭脳がある
　企業経営を成功させるユーモアとセンスを併せ持つ
　責任を避けて自由な行動を取りがち
　目新しいものが大好きで自己表現したがる

yellow

■目にする黄色
タウンページ
黄色いハンカチ
警告板・危険物
注意の印
踏み切りの遮断機
信号
学童用の帽子や傘やレインコート
工事の標識（ＪＩＳ-日本工業規格-でも「安全色彩」になっている）
作業員のヘルメット
カレーなどのパッケージ
ビタミン剤のラベル
マツモトキヨシ(コーポレートカラー)
ＮＹのタクシーイエローキャブ
アニメのキャラクターや玩具

Story of Color

Story of Color

green 緑

「バランス」の緑

　目の前に広がる森や植物、木々や草といった自然界の大いなる生命力や共存の世界。

　人は、心身の癒しとして、緑のある自然や風景を求めます。そんな緑を目にすることでほっとした安らぎを感じ、その安心感にふれることで気分をリフレッシュすることができます。

　人は緑に対し、無意識的に安全・信頼を感じます。これは、私達人間が生きていくうえで多大なる恩恵を与え続けてくれる自然の色「緑＝安全・信頼」といった認識を持つのではないでしょうか。

　また、緑は可視光（人に見える光）の波長の中においても中間に位置することや、明るく陽気なプラス志向の黄と、沈み込む悲しげな青という正反対の要素を持つ2つの色を混ぜ合わせて作られる色です。バランスがよく、「中間」という意味を持ち、このバランスが安定感や安心感を与えるといわれています。

■緑の持つイメージ

プラスイメージ	マイナスイメージ
安らぎ	保守的
安定	個性がない
健康	マンネリ
穏やか	
平和	
公平	

■緑とは？〜安全のシンボル〜
　緑は、私達が日々生活をする中で常に目にすることのできる植物の色です。そのほかにも、私達の周りには常に緑があることにお気付きでしょうか？
　それは「安全に関する標識」です。
　信号の「進め」や道路標識、非常口など安全に関するシンボルカラーには緑が使われます。
　交通安全のルールを児童に教えたり、登下校の際歩道を歩く児童を安全に誘導する女性は「みどりのおばさん」という愛称で呼ばれています。
　ほかにも、安全圏は「グリーンゾーン」と呼ばれることからも分かるように、身近には様々な緑を使った言葉が多く存在するのです。

　また、災害時に使用される医療トリアージ(患者の治療の優先順位を決める目印となるタグ)があります。このトリアージの緑の意味は、最も治療の優先順位が低い患者に装着されるタグの色です。

　手術室はなぜ緑色をしているのかご存知ですか？安全・健康？「What's the color?」の章でも触れましたが、これには実際のエピソードがあります。
　アメリカの病院で手術中の医師が、白い壁に緑の斑点がちらつき手術ミスをしてしまいました。この話を色彩学者が聞きつけたことから始ま

Story of Color

green

ります。
　手術中に赤い血を見ていると目をそらした時に、赤の補色(正反対の色)である緑の斑点(残像)がちらつくきます。この緑の斑点が集中の妨げにならぬよう、手術室の壁や手術着を似たような青や緑にするようにアドバイスをしたのです。また、青や緑には緊張を和らげるという色の効果があるので、取り入れられたのでしょう。

■緑の色彩療法
　緑の波長は、全ての色の波長の中間に位置します。心身ともに安らぎを与えてくれるのに有効な色です。心に穏やかさを感じたい時や、不安な時に効果的です。
　心身ともにあらゆるバランスを調整するといわれ、アンバランスになった心の乱れや心配・不安といった感情的な反応を鎮め緊張をほぐし、心を癒してくれます。
　そのほかにも、視神経や自律神経などの神経性ダメージを調整してくれることにより、筋肉や皮膚などに活力を与える手助けになるそうです。また、病原菌や毒素を排除する力があるといわれ、ウイルス感染にも効くといわれています。
　緑を目にすると、毛細血管が広がるので高血圧の人によいほか、心臓や肺の痛み、火傷や頭痛、さらには免疫力回復向上、心拍数や血圧、呼吸安定にも効果的です。産後の母乳量増加の効果もあるといわれています。

　緑は目によいといわれていますが、それは本当なのでしょうか。結論からいえば、緑には「目をよくする効力」はないようです。では、なぜ緑は目によいとされるのか。
　それは、緑を見ることにより目の周りにある筋肉の緊張が和らぎほぐれるからです。色の波長がちょうど中間に位置する緑を見るということは、眼球の厚みをほとんど変化させずにすむのです。つまり、緑を見る時、眼球の厚みをほとんど調節しなくてすむため、筋肉に緊張を与えず目が「疲れにくい」状態を保てるからなのです。直接的に目(眼球)を良くする効果とはいえませんが、目に負担をかけないので目にとって緑は優しく、

「目に良い」といわれることは間違っているともいえません。目を疲れにくくすると、疲れ目からくる肩こりにも効果的ですね。

■緑の持つ効果～中立の緑～
　色彩療法で述べたように、緑には様々な効果が見られます。
それでは、緑とは私達が生活する中でほかにどんな効果が期待できるのでしょうか。
　それは、私達が生活をする中での「対人関係」です。感情的になりすぎるのを抑制し穏やかな心に導いてくれたり、普段の頑固な思考からバランスのとれた柔軟な思考に結び付けてくれることもあります。また、グループや派閥など争いが起きた時、中立の立場をアピールする際に効果的といえます。人間関係が上手くいかずに悩んだり、公平な立場で判断をしたい時などに、緑を用いることにより調和がとれ、摩擦を避けられるように促してくれます。

　このように、緑は心身共に調和・バランスをとるのに非常に効果があるので、観葉植物などを部屋の中に取り入れると日々の生活もリラックスできます。南方向が相性のいい方角とされ、南向きのリビングなどに緑を取り入れると家の中の悪い気を浄化し健康でバランスのとれた状態を保つことができるといわれています。自分のペースを乱されたくない場所に緑の植物を飾るのもよいでしょう。また、健康を守ってくれる緑ですが、その効果を倍増させる白との組み合わせは健康になりたい人におすすめです。

■見かける緑色
　ゆうちょ銀行
　三井住友銀行
　モスバーガー
　交通関連標識
　東京ヴェルディ(サッカー：チーム名ヴェルディはポルトガル語の緑
　　＝ｖｅｒｄｅが由来)
　グリーンピース(ＮＧＯ)

■緑を好む人やその特徴
　安定した人付き合いを保つ
　争いを嫌う平和主義者
　不満もないが情熱的になることも少ない
　中立的立場をとることが多く、優柔不断や意思を持たない人と思われ
　　がちである
　バランスのとれた考え方をし、調和を優先させた受容的な人
　奉仕性が高い
　謙虚で控えめ、安全・公平といった印象を与える
　自己主張が苦手で聞き上手
　行動に移す前にじっくりと考え込む癖があり用心深い
　集団の輪を乱すような道徳やルール、モラルを破る人を嫌い、厳しく
　　評価する

blue 青

「世界中好感度の高い」青

1930年以前、イギリスの科学者が「世界の人々はどの色を最も好むのであろうか」という調査をしたことがありました。このような調査は最近でも行われますが、いずれも世界の人々が最も好きな色は、変わることなく「青」という結果が出ています。時代や世界により他の色が好き嫌いの好みが分かれるのに対し、青は今も昔も世界共通で圧倒的に愛されています。

単純に青といっても、水色から紺、藍色まで非常にバリエーションの多い色でもあります。大きな枠組みでの「青」を人々が愛してやまないのは、おそらく青の持つイメージが空や海、水や宇宙といった普遍的に存在する人間の生活に馴染み深く、そこにいつも広がっている色である影響も少なからずあるといえますが、人間の目には赤、緑、青の3色の光を視細胞が敏感に捉える遺伝子が組み込まれているからともいえます。

Story of Color

Story of Color

Blue

■青の持つイメージ

プラスイメージ	マイナスイメージ
理性	冷淡
冷静	保守的
知性	孤独
真実	不安
誠実	憂鬱

■青とは?～赤の真逆にあたる青～

　青は、赤とは相反する要素を数多く持ちます。赤が交感神経を刺激し行動的になるのに対し、青は副交感神経に優位に働くのです。気持ちをリラックスさせるような効果があり、「冷静沈着」といった言葉がぴったりの青は、心を落ち着かせ理性的な感情へとコントロールしたり、感情を抑制するというような左脳が使われる心理状態へと導きます。

　また、寒色の中で最も冷たい色とされる青には、不思議な力があるのです。
　青の波長により、色そのものには温度などないにも関わらず、実際の体温を下げる(涼しく感じさせる)作用や、時間の流れを実際よりも短く感じさせる力があります。

　青は、非常に好感度が高い色とされながらも、落ち込んだ時に表現される「気分がブルー」といった言葉もあるように、その活動力の低さから孤独や不安、憂鬱や傷心といった静的・内向的マイナスイメージにも多く使われます。
　有名な抽象画家ピカソは若い頃、親友の死をきっかけに「青の時代」という青を基調とした具象画を描きました。親友の死に直面したピカソは

Blue

心をひどく痛め、内向的な自分の感情を海の奥深い色に表現したといわれています。
　青は涙を連想させ、心を浄化する「喪失の悲しみを癒す力」を持っています。このような時において、赤や黄色はうるさく感じ、ピカソがそうであったように、辛く悲しい経験をした後に好まれる色は青であり、鎮静・浄化といった青の効果を無意識的に取り入れ、心を落ち着かせるようです。

■青の色彩療法
　副交感神経を刺激し、自律神経を鎮静させる青は神経過敏な時の精神安定に効果があります。安心感を感じられる色でもあり、ほっとしたい時や不安を解消したい時、高血圧でストレスを溜め込んでいる人には血圧を下げてくれる作用や、不眠症の人に対しては落ち着きや清涼感を与えます。
　また、心身の抑制を促す青は、ダイエット効果や軽い日焼けや虫さされの鎮静にも効果があるといわれています。ほかに、身体に酸素を吸収させ炎症を抑える効果があるため、咽喉の痛み・甲状腺疾患に効果があるそうです。

■青の持つ効果～喧嘩を沈めたい時には青を～
　喧嘩をすると精神的に疲れたり、その「ブルーな気持ち」に嫌気がさしたりしませんか？リラックス効果のある青は、静寂や浄化を求め疲れている人が、引かれる色でもあります。
　感情的になってしまったり、ちょっとした喧嘩がエスカレートして収集がつかなくなってしまうというパターンも多いのではないでしょうか？そんな時にこそ、青を身に付けることにより衝動的な自分、短気な自分を違った一面に切り替える手助けをしてくれるでしょう。
　また、冷静な判断能力を高めてくれる作用があるほか、言語能力をＵＰさせる色でもあり、思い通りにならないことを進められるようにサポートをしてくれるのです。

Blue

　そして、自分だけでなく相手に対してもリラックスや安心といった感覚を与え、冷静さや落ち着きをもたらします。信頼関係をゆっくり築くのに非常に適しているといえるでしょう。洞察力や集中力も高めます。どうしたら問題が解決するのか、相手を見ながら有効的な判断もできるでしょう。

　青にも、色々な種類があります。明るい青は、想像力や集中力を湧かせる色です。仕事を能率よくこなしたい人には、デスク周りに明るい青を取り入れるとよいでしょう。濃い青は、決断力をつけ冷静な判断を促す作用があります。藍色は、考え事やアイディアを湧かせたい時に効果的な直感の色で洞察力を高めてくれます。紺は、知的な自分に見せたい時によい色で、鎮静効果も優れています。

　薄い青から濃い青までありますが、同じ寒色でも濃いめの色にあたる紺は後退色であるため、引き締め効果があります。青の服を着る際に注意すべき点は、洋服の青が顔に反射して顔色がより悪く見えてしまうことがあります。そのような時には、青を使う場所や面積を考慮して取り入れてください。
　インテリアでは、勉強運や仕事運をUPさせるのに東に青を置くとよいでしょう。また、睡眠を促進する作用があるのでベッド周りや心を落ち着かせたい場所に取り入れるとよいでしょう。

■目にする青
　一般道路標識
　トイレを示すピクトグラムにおける男性マークの表示
　アメリカ合衆国民主党のシンボルカラー
　恐怖や寒さ、体調不良で見られる顔色の悪さ（青ざめる）
　技術職の作業着
　暦における土曜日の表示
　サッカー日本代表ユニフォーム「サムライブルー」
　日本電気（ＮＥＣ）

Blue

みずほフィナンシャルグループ（みずほコズミックブルーと呼ばれる）
全日本空輸（青空のイメージ）

■青を好む人やその特徴
 冷静な判断や物事を客観的に判断できる
 感情のコントロールをきちんとできる（感情的ではなく理性的）
 責任感・正義感が強く計画性があり完璧を求める
 遊びが少なく融通がきかない
 こうあるべき、こうするべきといった枠に縛られ保守的な考えをする
 自制心が高く根気強い
 真面目
 礼儀正しく信頼させる
 自己中心的に陥りやすく頑固な一面がある
 自分と合致しないことには興味を持たない
 同程度の知的レベルの人との付き合いを好む自己の内部に持つ考えを
　　外に向けて発信する自己表現が苦手

purple 紫

「最も高貴な色とされる」紫

　紫、この色の言葉の響きを聞くだけで、何か神秘的で想像力を掻き立てられるような不思議な感覚すら湧いてくるような気がしませんか？
　あなたは、この「紫」という色に何を感じますか？
　どこか神秘的で幻想的な感覚の世界。妖艶な香り漂う非日常へと誘ってくれそうな、心惑わす色。どこか近寄りがたいような高貴で品格に満ち溢れる憧れの紫。

　紫は赤と青が混ざり合ってできる色、つまり「動」を表す赤と「静」を表す青という相反する性質を持つ色同士が混在する神秘的、かつ複雑でミステリアスな二面性を持った色です。

■紫の持つイメージ
　プラスイメージ　　マイナスイメージ
　高貴・品格　　　　複雑
　神秘　　　　　　　影
　感性　　　　　　　不安
　優美

■紫とは？〜高貴を象徴する〜
　古代より東洋西洋を問わず権力、宗教的地位の象徴として表され、身分や地位の高い人がこよなく愛し、また独占されていた色です。
　この色が、このように最上位の象徴として扱われるようになったのは、紫の名前の由来でもある植物「ムラサキ根（紫根）」の栽培が非常に困難だったため、大変珍重されたことに始まります。

　古代中国（漢代以降）では、「紫の朱（あけ）を奪うを悪（にく）む」（論語）という言葉があり、古代より紫は好まれていました。特に、この紫を好んだとされるのが漢の武帝です。以来、紫は最高位を表す色「天帝の色」として、他の者の使用を禁止する「禁色（きんじき）」とされました。
　北京の都心には、歴代王朝の宮殿として、皇帝が財力の限りを投入し造りあげたとされる「紫禁城」にもまた「紫」が付いていて、紫に対する高貴なイメージを受け継いでいます。

　西洋においても、紫を「禁色」としていた皇帝がいます。地中海のギリシャ・ローマ帝国皇帝です。今から3600年前、地中海沿岸の海洋国家フェニキアという国に生きるフェニキア人は、「貝紫染」という染色法を用い貝を紫で染めていたのです。貝の内臓から黄色い液を抽出し布に浸けた後、太陽にあて布を紫に変色させるこの染色法は、ひとつの貝からわずかな液の量しかとれないことから、貴重なものとされました。

purple

　ローマ皇帝は、この妖艶な色合いを見せる紫をこよなく愛し、皇帝の衣装の象徴として使用されるようになりました。これが帝王紫「ロイヤル・パープル」です（貴族第二位として使用されたのは青）。
　カトリック教徒では四旬節に司祭が紫の帯をまとい、受難の日にはイエス・キリストの像を紫の布で覆い隠します。この風習はイエス・キリストの死に際し、紫の衣をまとわせたという言い伝えがあるからです。また、紫のビロードの衣装は、イギリス王朝の戴冠式においても着用されています。

　日本においても、紫は最高位の色として位置付けられていました。
　聖徳太子の定めた「冠位十二階」の制度より「最上位＝大得（だいとく）の冠の色」に使用されたことにより、現在も天皇陛下の公式行事において最上位の色として用いられるほか、大相撲の立行事が持つ紫の房の軍配などとしても使用されています。
　日本では、紫を「ゆかりの色」ともいいます。これは古今和歌集にある歌に由来し、紫は自然の色としても多く万葉集や古今集にうたわれています。
　「源氏物語」での「紫の上」という名前は、光源氏の「最愛の人」につけられた名前であることから、紫を尊ぶ当時の風潮は大きかったことが分かります。戦国時代には「武将の好む色」として衣装に使用され、江戸時代に入り歌舞伎「助六」の主人公が頭に紫の鉢巻を巻いた芝居が大当たりし、一般の人の中にも真似をする人が増えたようです。

■紫の色彩療法
　可視光（人に見える光）の最端（最上部）に位置する紫は色の波長が最も短く、その波長が細胞内の光回復酵素を刺激し、ＤＮＡの損傷を修復する力があると知られています。また、リンパや免疫・頭痛や疲れ目にも効果的とされています。
　紫の食材は、自律神経の安定と保護・目に効果があるといわれており、また、アロマオイルなどリラックスの際に用いられる「ラベンダー」からも分かるように、不眠や精神的ストレスの緩和にも適しています。ストレスや悩み事、日々の生活の中で疲れた心身に安らぎや癒しを得るには

効果的な色です。

■紫の色の持つ効果〜人を魅了し引き付ける感性の色〜
　創造性・直感力・感覚を司り精神的な内面を表す色です。
　芸術家に愛される色でもあり、アイディアの源となるような感性や自尊心を高める効果があります。また、精神面に作用する色であるため、潜在能力を引き出す効果もあります。感覚を敏感にし、心を癒す作用があるため、勘がさえない時や大事な決断をせまられた時などにもよいでしょう。

　もうひとつの効果として、高貴な色とされる紫は品格をもたらしてくれるため、自分をランクアップさせたい時や生まれ変わりたい時、また紫から醸し出されるカリスマ性から部下などを持つ方、リーダーシップを発揮させたい方にも効果があります。

　女性であれば紫を取り入れることにより、品格や色気の備わった古風な大和撫子を感じさせる「いい女」を演出できます。
　パーティー会場など薄暗い場所では紫はくすみにくく、鮮やかに引き立って見えます。濃い紫は肌をより綺麗に見せ、女性を大人っぽくセクシーに見せてくれます。
　薄紫は女性の品のある優しげな麗しさや色気を感じさせることができるので、意識してもらいたい男性の前で取り入れることで男性の本能に訴えかけられる色として適しています。

Story of Color

　紫は好き嫌いがはっきりとする色でもあり、ファッションとして取り入れる際、紫が苦手という方はアクセサリーや小物、下着に取り入れたりするとよいでしょう。
　紫色を部屋のインテリアとして取り入れれば、家族全体に品格が備わり安定した心で生活ができるでしょう。南の方角と相性がよいです。

■紫を好む人やその特徴
　芸術センスに溢れ感性豊かで直感力がある人
　自分独自の信念や道徳観を持ち我が道を行く人
　建前だけの付き合いをむしろドロドロした人間関係と感じ必要のない
　　ものと判断する
　無理に自分を作ることをせず、ありのままの自分でいることや個性を
　　尊重する
　瞬間的に自分に害を与える人を見分ける直感力に優れる
　あたりさわりのない会話は苦手で同じ世界観を持つ人との会話が得意
　周囲からは自身にみち溢れているように思われがちだが実際は自信を
　　持てずにいる
　感受性が強く鋭いため、繊細でナイーブ
　美しいものや神秘的な世界に憧れを抱くようなロマンチスト
　価値観を理解してくれる人が少ないため自分をさらけ出せない(理解
　　されなくてもよいという考えもある)
　現実的な世界や理論より、感覚を超えようとするような世界観や精神
　　的な考えを好む

pink 桃色

「幸福の象徴」ピンク

　ピンクは、各国共通で幸福をイメージさせる色です。特に、女性にとっては恋愛、純愛の象徴で、かわいらしく見える色、春に咲く桜や桃などを連想させ、やさしくキュートなイメージです。情緒的な赤に清純な白をプラスしたことでソフトな感じがぐっと増します。パステル調の淡いものから、ぼたん色の濃いものまで多様です。

　語源は、カーネーションの仲間であるタツタナデシコの英名「ピンク」です。英語圏以外の多くのヨーロッパ諸国では、ピンク色を指すのにバラを意味する語や、その派生語の「rosa」という言い方をします。

　また日本では、セクシーなイメージの色としても使われていますが、英語でのピンクは幸福や健康を象徴する健全な色のことです。

　「バラ色の人生」というように、とても幸せな状態を表す場合に使われることからも、健康的で豊かな人が好む色でもあります。

Story of Color

pink

■ピンクの持つイメージ

プラスのイメージ	マイナスのイメージ
幸福	甘えた
女の子	軽い
かわいらしい	楽観的
若々しく健康的	子供っぽい
ロマンティック	機能性に欠けた
桜	頼りなく現実離れした

■ピンクとは？〜愛情の色〜

　結婚情報産業では、ピンクの内装を施したパーティー会場でお見合いパーティーを行うと成婚率が高まるともいわれています。ピンクは卵巣ホルモンに働きかけ、ホルモンの分泌を促し、脳に刺激を与えるといわれています。ピンク色のお菓子がたいへん甘く感じられたりするのもそのためです。また、ロマンティックな気分になったり、愛情が欲しくなったりする効果も促します。

　ユーモラスな動きと表情で人気があるアニメキャラクターのピンクパンサーは、1963年のアメリカ映画「ピンクの豹」から生まれました。「ピンクの豹」は、美男美女のスターが共演する実写のロマンティック・コメディです。ピンクパンサーとは劇中に登場するダイヤモンドの名称であり、そのイメージから生まれました。映画の持つロマンティックさや、憧れのイメージがピンクのイメージとぴったりと重なったのかもしれません。

　日本では、桃の節句があります。起源は平安時代で、貴族達が季節の節目に身のけがれを祓うという行事をしていました。それが後に紙の着せかえ人形で遊ぶ「ひいな遊び」と融合し「流し雛」へと発展し、室町時代には紙ではなく豪華な雛人形を飾って盛大に祝うようになり、3月3日の「ひな祭り」に定着したようです。

　現在も、女の子の厄よけと健康祈願のお祝いとして一般にも定着しています。ひな祭りの菱餅の中にも桃色が入っています。魔除けの「桃」を

pink

意味し、クチナシで着色されています。このように、ピンクは日本でも昔から女の子のイメージと深い関係にあったようです。

■ピンクの色彩療法

　ピンクは心理的に興奮状態を落ち着かせ緊張をほぐし、リラックスさせる色として知られています。これは暖色系の暖かみと寒色系の落ち着きを併せ持つピンクならではの特色です。

　人に幸福感をもたらすベータエンドルフィンやドーパミン、そして女性ホルモンの分泌を促し血行をよくする効果があります。それに加え、低血圧、低体温、冷え性の人や生理不順にも体質改善の効果、さらに、脳も活性化させ痴呆防止や若返りの効果もあるといわれます。

　お年寄りや患者を元気にしてくれる色として、医療関連施設や老人ホーム、デイケアセンターなどで淡いピンクが内装に取り入れられています。

　このほかにも、ピンクセラピーという色彩療法があります。ひたすらピンク色を塗るこのセラピーを受けた人は、個人差がありますが、ピンク色を塗っていくうちに今までの人生で最も幸福だった時を思い出すそうです。

　男性にとっては、忍耐強さ、人を許容する性格を育ませ、職場の雰囲気を和ませる効果が期待されます。ネクタイやワイシャツなどの一部分にピンクを取り入れるのもよいでしょう。

Story of Color

pink

　ピンクに関しては、人の心理に与えるマイナス面が少ないといわれています。幸せや平和主義を象徴する色とされ、攻撃的な感情を抑え基本的に人に幸福感をもたらすように作用します。

　1970年代のアメリカでは、ベトナム戦争後にドラッグがはびこり、刑務所内の凶暴な囚人の鎮静化が大きな問題となっていました。それまでの薬物療法に代わり色彩療法を取り入れたところ、荒れていた囚人達は見事に大人しくなったそうです。この時、壁をピンクに塗り替えた結果、見事にピンクの持つ効力が発揮されたのです。

■ピンクの持つ効果～幸運のピンク～
　恋人や友人間での争いごとや、ぎすぎすした関係を回避させる働きがあるので、対人関係で自分が攻撃的になっていると感じた時にはピンクを意識的に取り入れると優しい目や心で周りを見渡せる余裕が生まれるでしょう。

　風水におけるピンクは、人間関係が良くなる、幸運、恋愛・結婚、などといった意味合いがあります。女性特有の柔らかさや、初々しさを印象づける力があります。身の周りにピンクを置いたり、付けたりすることで、心を穏やかにし、恋愛運をアップさせたり、周囲との良い人間関係が築けるようになります。相性の良い風水的方位は東、北、西です。

■ピンク色を好む人やその特徴
　女性的な直感に優れ感情が細やか
　愛情深い
　平和主義者
　人から守られたい、愛されたい、という特別な待遇を期待する
　他人からはデリケートで傷つきやすく壊れやすい、と見えることを
　　願っている
　裕福な家庭に育った
　結婚や恋愛を夢見る
　他人に依存する

pink

■目にするピンク
　ピンクリボン(乳がん治療・早期発見のための組織)
　病院の看護師さんの制服
　ウェディング業界
　菱餅
　桜
　アニメキャラクター(ピンクパンサー・ピンクエレファント)
　いちごのお菓子やチョコレートのパッケージ
　石鹸
　シャンプー
　香水のパッケージ
　花(バラ・カーネーション・蘭など)
　ベビー用品・マタニティ用品

Story of Color

brown 茶色

「落ち着いた大地の色」茶

　江戸時代のこと、江戸や上方を中心に豊かな商人によって華やかな町人文化が生まれました。

　衣服や食べ物、娯楽など贅沢で派手な暮らしをするようになってきたので、幕府は贅沢を戒める法律を定めました。

　特に厳しかったのは衣服の素材や色に対する決まりで、素材は麻か綿、色は藍染の青色、茶色、そして鼠色といった地味な色に限られてしまったのですが、そんな状況の中でも人々は微妙な色の差をつけて工夫をし、「粋（いき）」なおしゃれを楽しんだようです。

　「四十八茶百鼠（しじゅうはっちゃひゃくねず）」という言葉があるように、特に茶色と灰色のバリエーションは多かったようです。茶色では、白茶（しらちゃ）、路考茶（ろこうちゃ）、媚茶（こびちゃ）、団十郎茶（だんじゅうろうちゃ）、璃寛茶（りかんちゃ）、などたくさんの種類があります。

■茶色の持つイメージ

プラスイメージ	マイナスイメージ
ナチュラル	陰気
温もり	田舎
オーガニック	迷彩
重厚さ	退屈な
贅沢な大人の雰囲気	脇役

■茶色とは？〜大地の豊かさの象徴〜

　茶色の色の語源は、その名の通りお茶からです。茶渋などからとれるタンニンは手に入りやすい染料でした。地味な色ですが、相手を立てたりと、配慮するということに対して優れた色といえます。

　茶色は昔から自然界の色として親しまれてきた色で、大地、成熟の実りは安定と豊かさを連想させます。このことから、茶色は人に安心感を与えるのです。

　楽しく高揚した気分にさせるオレンジ色に抑制力のある黒が混ざったのが茶色なので、ビジネスシーンにも向いているでしょう。あたたか味もありますし、個人の集中力をアップさせてくれる効果があります。

　また、ベージュは肌の色に近いため、人の動きが目立ちにくい、つまり、気が散りにくい色です。

　昔から、木材は建築に欠かせませんでした。茶色は木の色ですから、今でも床や柱などインテリアを支える色といっても過言ではありません。明度が低くなるほどクラシックな印象が強まり、それと共に高級感も増す傾向があります。

　一昔前はオフィスでよく見る色はグレイばかりでしたが、今はアイボリーやベージュ、明るい茶系の色合いも増えてきました。

　ファッションでの茶色は、ベーシックな色として昔から多く取り入れられてきました。

brown

■茶色の色彩療法

　「落ち着き」「集中」「忠実さ」などの意味合いがあります。大地の象徴であり、あらゆる者を受け入れる母性の象徴でもあります。
　また、木を連想させるナチュラルな色なので気持ちを静めリラックスさせる力があります。

　綿や麻を思わせるベージュ系の色は、筋肉の緊張をときほぐす効果があることがわかっています。初対面の人に会う場合にも場をなごませるのにも効果的です。

　「茶色い食べ物健康法」を聞いたことはありますか？同じお米でも精米された白米より玄米の方がビタミン、ミネラル、鉄分、アミノ酸等が多く含まれており栄養価が高いことが知られています。
　玄米を土に蒔いたり水に浸けると芽が出ますが、白米では芽が出ることがないことからも分かるように、茶色い外皮を取り除くと生命力も失うということです。
　同様に、小麦粉より全粒粉のほうが体によいということで、最近ではパンやクッキーも全粒粉のものをよく見かけるようになりました。

実際に試した人の感想では、疲れにくく、また便秘がなくなり肌の調子がよくなったという結果が顕著に表れたそうです。

■茶色の持つ効果〜邪魔にならない色〜
茶色は、現実的で地に足のついた堅実な視点をもたらしてくれます。生活の一部に取り入れることで、経済観念や社会の枠組みというものに敏感になり、じっくり落ち着いて考え行動できるようになります。

お金の無駄遣いをやめて貯金をしたい、というときなどには財布やバッグに茶色を使ってみましょう。ただし、別名「ケチの色」とも呼ばれているので適度にアレンジしてみてください。

職場でのファッションコーディネイトに好感度が高くコーディネートしやすい色はベージュです。やさしい色なので、黒などと合わせるよりも同じアースカラーのダークブラウンなどと合わせるほうがやわらかい印象が演出できます。

茶色は、信頼性を表す堅実な色なので、ビジネスシーンにも適しています。アフター5なら、アクセントにはゴールドを取り入れましょう。ベージュや茶色とよく似た色味の色なので、華やかにまとまります。風水で相性の良い方角は南、南東、北西です。

Story of Color

■茶色を好む人やその特徴
　変化を嫌う
　粘り強く、集中力に優れる
　周囲に対する配慮ができる
　精神年齢が高く、誠実で落ち着いている
　人をサポートすることが好き
　相談に乗ることは嫌いではない
　引き受けたことを最後まで面倒をみる優しさを持っている
　面白みに欠ける
　思ったことを口に出せないタイプ
　不安や悩みを抱えたり憂鬱な気持ちになったりしても頑張り続けて疲
　　れてしまうという面もある
　保守的

■目にする茶
　琥珀（1000万年以上昔の樹木の樹脂が化石化したもの）
　チョコレート
　アンティーク
　クラッシクなインテリア
　コーヒー
　スターバックスコーヒー（シアトルにある１号店）
　リラックまま
　煉瓦
　玄米・きなこ
　土
　落ち葉・枯葉

gray 灰色

「クールでシックな色」グレイ

　グレイは、すべての色を平均したニュートラルなカラーなので、組み合せで使われたり、他の色を生かす色として多く使われます。うるさくも重たくもない色なので、心静かに過ごせます。

　知的で洗練された都会的な印象のほか、落ち着きや大人っぽさがあります。ファッションやインテリア、さまざまな場面でおしゃれに使える便利な色です。

　ところが、一般的にはマイナスなイメージのほうが強いようです。

　2008年後半からの世界的不況下で、100人の経営者に対して「2009年を色で表すと何色ですか？」とたずねたところ、結果は、灰色系が圧倒的多数だったそうです。

　「灰色」「グレイ」「ダークグレイ」などがその具体的な回答です。

　景気の悪さ、経営の不振をグレイで表現したのでしょう。

gray

　色彩心理学者によると、灰色系については「不安感が強まり対策を立てにくい状態を示している」とのことです。

■グレイの持つイメージ
　プラスイメージ　　マイナスイメージ
　中立的な　　　　　曖昧な
　控えめな　　　　　不透明
　争わない　　　　　不安
　協調性　　　　　　憂鬱な
　都会的
　上品
　成熟

■グレイとは？〜中間のイメージを持つ色〜
　日本では、茶色と同様「四十八茶百鼠」で表されるように、江戸時代には多くの種類のグレイが登場しました。銀鼠、桜鼠、深川鼠のように「○○鼠」の呼び名で広く用いられました。真珠色（パールグレイ）から濃鼠のような黒に近い色まで種類が豊富にあり、江戸時代の人々は粋な流行色を楽しんだようです。屋根瓦や砂利や石などの色でもあり、日本人の気質にも合い、昔からなじみやすかったのではないでしょうか。

　フランスでも、ヴァニーユやトープという色名のさまざまなグレイッシュな色があります。グレイが混ざるとクラシックで上品な雰囲気を醸し出されます。これが人気の理由でしょう。

　正確な色を見たい時にもグレイは役に立ちます。同じ大きさの窓を持つグレイのマスクを使用します。色の対比を最小限に抑えてくれるため、色を判断する時に便利です。これにも黒と白を混ぜてできる中間色のグレイの特性が表れています。

gray

■グレイの色彩療法
　グレイにはどちらかというと元気なイメージはありませんが、神経が苛立っているときなど、鎮静や感情を抑制する力があるといわれています。窮屈な状態から抜け出す手助けもしてくれ、正気を取り戻させてくれるそうです。
　ストレス社会の中で、人との摩擦を避けたいと思った時や、堅実にことを進めようとするときにはグレイが役に立ってくれることでしょう。

■グレイの効果～抑制のグレイ～
　会社の規則やルールなどに従い業務を遂行するという点においては、一番効果があるのかもしれません。
　会議での意見をはやめに一致させたい時などは、グレイを基調にした会議室が効果的でしょう。
　しかし、空間全体が冷たく暗い雰囲気になりますし、意欲が減退し行動力を抑えてしまうという作用も働いてしまいます。そこで最近では、パーテーションなどのポイントに鮮やかな色を使うオフィスも増えているようです。
　スーツの色として男女問わず選ばれている色の中にグレイがありますが、グレイは「謙虚な」「控え目な」「従順な」というメッセージ性があるので、目上の人に好かれる色です。グレーのスーツに色みのあるシャツやネクタイなどを合わせると、またおしゃれです。

■グレイを好む人やその特徴
 感情よりも理性に支配される
 不安感に襲われる
 心の平和を求める
 傍観者
 辛抱強い
 真面目
 バランスを保つ
 知的
 隠れた経営能力を持つ
 質実剛健
 競争が苦手
 万人に愛される

■目にするグレイ
 石・砂利
 コンクリートな無機質なもの
 屋根瓦
 グレイハウンド(アメリカの長距離バス会社)と(洋犬の一種)
 灰
 ビル
 シルバー製品(日本では自動車のシルバーは人気色)

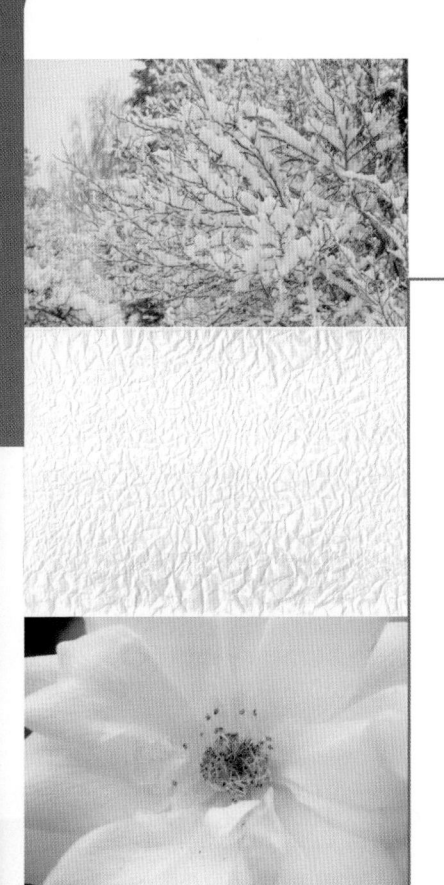

white

「まっさらなイメージの色」白

　白は、全ての光の色の波長を反射します。高揚でもなく鎮静でもない、有彩色のような感情がない無の色です。「潔白」「頭が真っ白になる」、「白紙に戻す」などの言葉に使われている白はまさしく何もないことを指し示しています。

　そして、何もないところからの新たなスタートや誕生、再生のイメージがあることからも、不況が続き回復の兆しが見える頃に流行する色ともいわれています。

　バブル期が始まる前の1950年代、住宅も車も白が流行し、洗濯機、冷蔵庫、炊飯器など生活家電のことを指す「白物家電」という言葉も誕生しました。景気回復への願望が選ぶ色にも反映されるのでしょう。世界中で「白」を好む人の数は、以前に比べて増加傾向にあるといわれています。景気低迷が続く中、逆に白を多用したら景気が持ち直すかもしれませんね。

Story of Color

white

■白の持つイメージ

プラスイメージ	マイナスイメージ
純潔	寒々しい
清潔	汚れる
純粋	病院・病気
明るい	華奢な・弱々しい
さわやか	潔癖
神聖	

■白とは？～どんな色とも調和する色・神聖な色～

　雪が白く見えるのは、結晶のすき間で光が乱反射するためです。物体があらゆる波長の光を一様に多く反射することで白く見えるしくみになっているのです。

　白は、どんな色と組み合わせても調和し、活気に満ちた清潔な印象を与えてくれます。普段私たちは、衣類などを洗濯する時、漂白剤を使用して清潔な白を求めますが、昔は白を際立たせるために「白殺し」という技術を用いて白くしたそうです。黄ばんだ布を藍の染料に一瞬だけくぐらせて青味を加えることにより、白く見せるという先人の知恵だそうです。

　白は、その素材によってはかなり印象が違ってきます。例えば、ホワイトリネンやコットン素材は清純なイメージ、ガラスやタイル、大理石ならモダンなイメージになります。緑の観葉植物を置くと、とても相性がよいですね。緑以外の色でも調和がとれ、白は重宝される色です。

　日本では、神主や巫女の白装束、しめ縄の飾りや鏡餅などに使われるように、古くから神事を表す色でした。神前で隠し事なく無垢な状態になることを示すということからだそうです。
　さらに、白蛇や白狐のように、動物が白くなると神の使いとされ、人々に崇められました。神道に限らず、ギリシア神話やヘブライ思想など多くの思想においても、白は神や救世主の象徴であり、純潔や喜びを表す色のようです。

white

■白の色彩療法

　白は、すべて光を同量に反射しているため、体に必要な波長をすべて含んでいます。この色を身に付けることで気分も明るく健康的になるともいわれています。人間関係を改善するパワーもあり、特に恋愛においては、ピンクと組み合わせて使うと効果があるようです。白は幸せを包み込んで育ててくれる力を持っていて、21世紀には不可欠な色だそうです。また、紫外線から肌を保護するためにも白い服は効果的です。

■白の持つ効果〜清い白〜

　みなさんが、さわやかさ、清潔感、そして上品なイメージを作り出したい時、白を取り入れるでしょう。ただ面積が大きすぎると、冷たい印象を与えてしまう場合もありますので、バランスを考えてください。また、ライフスタイルや今までのイメージを一新したい時などにも、とても効果的です。そして、ビジネスシーンでは誠実な印象を与えることでしょう。

　インテリアにおいては、閉塞感を軽減させたりするのに役立ちます。特に窓のない浴室や洗面室、トイレなどでは照明を反射して明るさや開放感を醸し出してくれます。風水的に相性がよいのは南東以外の全方位です。

　色には重さの感覚があり、明るい色は軽く、暗い色は重く感じます。このことより明度の一番高い白は軽い印象を与えます。

　引越業者の中には、重い荷物を運ぶ作業員の心理的負担を軽くするた

Story of Color

めに白いダンボールを採用しているところもあります。

■白を好む人やその特徴
　完璧主義者
　人に注目されたいという願望が強いタイプ
　常に完全を目指し、高い理想を抱いて努力するタイプ
　ナルシストで孤独を愛するふりをする一方で家庭的な人柄を持ち合わ
　　せている
　真面目で優れた才能を持つ
　若さを手に入れたいと願う
　影響を受けやすい

■目にする白
　救急車
　白衣
　シーツなどの寝具
　下着
　花(蘭・トルコ桔梗・ユリ・すずらん)
　雪
　花嫁衣裳
　冠婚葬祭
　白旗
　祭事
　雲
　乳製品のパッケージ
　米

black 黒

「力強く引き立てる」黒

　黒い器に盛られた料理は、ひときわ美味しそうに見えます。

　器だけではなく、本格的なレストランではテーブル、膳、盆、器などに黒が多く使われています。黒には重厚さを感じさせ、有彩色をより鮮やかに見せる力があるからです。

　このように、背景との明度差がついて対象物がより引き締まって美しく見えたり、料理においては味までもが変化したように感じる現象を「後光効果」と呼んでいます。

　神や仏のように崇められている存在の背後が眩しく輝いているように見える状態からの言葉です。

　最近では、高級食材を扱うスーパーマーケットなどでは、フードトレイなどに黒を使う店舗が増えてきました。これも、並べられた食材に対して背景となる黒がもたらす後光によって食材自体が輝いて見えるという効果があるからでしょう。

black

■黒の持つイメージ

プラスイメージ	マイナスイメージ
フォーマル	死
モダン	暗黒
クール	不吉
重厚さ	陰鬱
威厳	葬式
気品	重い
高級感	
上質	

■黒とは?〜厳格な色〜

　白とは正反対で、光を吸収し色味の存在しない状態が黒です。古今東西、とても謎めいて神秘的な色の代表です。

　古くより闇や死を表す色で、キリスト教では現世の苦しみの放棄などを表す色とされてきました。「無」の色ともいわれてきたそうです。

　シスターや修業僧、戒律の厳しいイスラム教国の女性は、個人の色を出さず自らの欲望を断つシンボルとして黒を身に付けています。仏教でも、あらゆる色の根本、不動の色として他の色に染まることのない強く厳格な色とされてきました。

　喪服といえば黒。ヨーロッパでは、1400年頃から黒を身にまとうようになったようです。黒の持つイメージ「死」「暗黒」「無」などから自然とそうなったのでしょうか。日本においては、それまで白だった喪服の色が、明治30年に崩御した明治天皇の御生母の国葬から、西洋にならい黒に変わったそうです。白と同様、冠婚葬祭のシンボル的な色です。

black

■黒の色彩療法
　精神や肉体の症状緩和に使われることはなく、マイナス効果のほうが強い色とされているので扱いには注意が必要です。できるだけラッキーカラーなどと組み合わせて使うとよいようです。
　気持ちやその場の空気を引き締めるには、黒がいいかもしれません。

■黒の効果
　格調高さ、静謐(せいひつ)さ、秘密、成長を止める、人を遠ざける、というような意味合いがあります。
　あらゆるモノを拒絶する意志の表れでもあり、それが講じて秘密を守るパワーがあります。気持ちを悟られたくないとか、土足で自分の領域に入ってくる人を遠ざけたり、拒絶したいときは、黒い物で特に革製品を持つとよいようです。

black

　黒はまた、断固とした信念の表現や、力強さを誇示する効果があります。強い意志を感じさせ、年齢以上に堂々とした印象を与えるので、ビジネスで交渉に臨むときにファッションや小物に活用するのもよいでしょう。
　厳粛さや高尚な雰囲気を表現したい場面ではとても効果的で、静寂感や凛とした力強さがアピールできるでしょう。
　シルエットを強調し肌を美しく見せる効果もあるため、フォーマルな場のドレスにもよく使われています。

　素材の選び方によって高級で品のある装いが楽しめます。
　重厚感があり、高級感を出せる色なので、高価な品物のパッケージやオーディオセット、応接室の革張りのソファーなどにも黒は適しています。

　威厳や強さや他を寄せ付けないイメージを表現できる色です。黒と白は陰と陽の関係であるので、自分が一歩引くことで、その他を引き立てる役割を担うこともあります。相性のよい風水で相性のよい方位は北と南西です。

■黒を好む人やその特徴
　他人と関わることを苦手とする
　権威あるイメージを与えたいタイプ
　黒は己の世界に閉じこもる傾向がある
　本当は弱く傷つきやすい自分を他からガードしたい傾向がある
　プライドが高くて他の干渉を受けたくない
　自分の世界に生きたい

black

■目にする黒
 碁石
 葬式関係
 タクシー(大阪・イギリス)
 ごまのお菓子のパッケージ
 黒糖
 漆器
 制服

Food and Color

食と色。 〜最も身近な"食"と、それを彩る"色"の関係〜

　人間の生命に欠かせない食にも、色との密接な関係があります。生命を維持するため、おいしく食べるため、食文化を楽しむため、どれも私たちが日常生活の中で、自然と受けとっている色の働きが関係しているのです。

目で食する

　暑さで食欲が減退した日、水がはられたガラスの器に、白いそうめんが盛られて食卓に置かれたら…。見た目にとても涼しそうで、「これなら食べられるかな」と、お箸が進んだ、という経験はありませんか。

　また、グルメ通と呼ばれるタレントが、目隠しをして高級食材と安価な食材を試食すると、安価な食材を高級食材と選んでしまい笑いを買う、というテレビ番組を見たことはありませんか。「料理は目で食べる」という言葉があるように、おいしさを感じる感覚は「味覚」だけではありません。

　人の五感による情報の中で、味覚はたった1％しか占めないのです。五感の87％を占める「視覚」の影響はとても大きいのです。では、視覚を刺激してより味覚の感度を上げ、おいしく食べるにはどのような方法があるでしょう？

○盛り付けでおいしく見せる

　清潔感あふれる白いプレートにグリーンサラダを盛り付けましょう。もうひとつ、同じグリーンサラダにトマトやパプリカを散らしてみると、どちらがおいしそうに見えますか？

　右の写真のほうがよりおいしそうに感じませんか。これは、同系色のグリーンだけのサラダより、赤やオレンジのアクセントカラーがより野菜のグリーンを引き立てておいしそうに見せているのです。

　次に、赤身の刺身を盛り付けてみました。刺身だけを盛り付けた器と、紫蘇の葉を敷いた器、どちらがおいしそうですか？

　紫蘇の葉を敷いた刺身のほうが、彩り鮮やかに見えませんか。これは、赤の反対色の緑が、刺身を引き立てて、より鮮やかに見せているのです。

　このように、盛り付けにアクセントカラーや補色の効果を上手く使うと、食材をより美味しそうに見せることができます。

○器の色でおいしく見せる

　器の色と料理にもおいしく見える関係があります。例えば、黒い漆塗りのお碗に注がれたお吸い物とナチュラルな木製のお碗のお吸い物、印象に違いはありますか？

　漆塗りに注がれた方が、上品なお味のお吸い物に見えませんか。実は、この写真のお吸い物はどちらもインスタントです。黒は高級感や重厚さを連想させる色なので、同じ料理でもより格調高く見せる効果があります。

　ほかにも、橙や黄など暖色系の食材の反対色である藍色の食器も料理を引き立ておいしそうに見せる効果があります。

○色の面積比でおいしく見せる

　もうひとつ、おいしく見せる方法として面積配分があります。食材同士の配色がよくても、器との相性がよくても、そこに盛られる量、形によって見た目は変わります。

　お皿いっぱいに盛り付けるのではなく、余白を生かしたり、立体感を出すことで、より美しくおいしそうにみせることができます。

このように、料理が苦手な人は、見た目にひと工夫して、視覚でおいしく感じさせるテクニックを身に付けるといいですね。

食欲と色

　私たちが色から感じとる印象は、経験や記憶からも影響を受けています。例えば、空腹な時に赤地に黄色のMのサインを見ると、口の中にハンバーガーのジューシーな肉汁の感覚が蘇り、思わずお店に駆け込んだという経験はありませんか。色には、食欲をそそる色とそそらない色があります。私たちの周りにある食材を色分けしてみましょう。

○食材と色

赤
　　トマト、牛肉、豚肉、赤身魚、たこ、赤ピーマン、
　　いちご、りんご、味噌、鶏肉

橙
　　人参、かぼちゃ、オレンジ、鮭、みかん、オレンジ

黄
　　レモン、バナナ、とうもろこし、卵(黄身)、生姜、ゆず

緑
　　キャベツ、ピーマン、ほうれん草、きゅうり、紫蘇、
　　ねぎ、枝豆、空豆

青
　　(該当なし)

紫
　　茄子、赤キャベツ、サツマイモ、ぶどう

黒
　　のり、わかめ、ひじき、黒ゴマ

白
　　米、豆腐、牛乳、白身魚、大根、ねぎ、卵(白身)

このように、多くが赤や黄赤、黄の暖色系から、緑になります。このうち、食欲をそそる色は、赤、黄赤、黄色の暖色系です。これは、長波長の色は人間の自律神経を刺激してアドレナリンを分泌したり、消化作用を活性化する働きがあるためです。また食品に多い色なので、イメージを助長し食欲をそそるのです。一方、青や青紫は短波長で、自然界にある食物には極端に少ない色なので、食欲を減退させるともいわれています。

○ダイエットと色
　ダイエットは、多くの女性の永遠のテーマ。雑誌をめくればあちらこちらに痩身やサプリメントなど、ダイエットに関する記事や広告が見られます。色の心理的作用を利用したダイエット商品をご紹介しましょう。

＜青色サングラス＞
　サングラスをかけて食事をすると、食欲が減退するという青色のサングラスをご存知ですか？青色を見ると神経が弛緩する、リラックス効果に着目して、サングラスをかけることで脳の興奮を鎮め、食欲の暴走を抑えるのだそうです。

＜青いふりかけ＞
　また、最近では、青い色をしたふりかけが発売されました。青い色を見ると「腐」や「カビ」を思い浮かべませんか。その心理的な働きを利用しています。実際はブルーベリーエキスを使った塩味のふりかけですが、青紫色のふりかけを見ていると、たしかにおいしそうではありません。

　ダイエットを考えている人は、一考の価値があるかもしれませんね。

栄養と色

「彩りよく食べなさい」という昔からの教えがあります。彩りよく食べると、バランスの良い食事になるといわれるものです。日本料理には、古代中国の陰陽五行説思想をルーツにもつ、「五味五色五法」という定式がありますが、その中で「五色」とは、赤、青、黄、白、黒を指します。食材を見た目の色でこの5色に分け、栄養素の関係を見てみると、特徴があることが分かります。

○食材の色と栄養素

赤Red	動物性たんぱく質、脂質
黄Yellow	ビタミン、植物性たんぱく質、カロチン
青(緑)Green	ビタミン、ミネラル
黒Black	食物繊維、ミネラル、カルシウム
白White	炭水化物、カルシウム

健康のために、一日30品目を目標に食べましょうといいますが、実際に栄養素を計算しながら食事を作ることは大変です。
しかし、この5色が食卓にバランスよく並ぶと、自然と30品目を摂取できるといわれています。

メタボ対策や子どもの食育など、食に対する意識が高まっています。まずは、食材を色で捉えて調理してみてはどうでしょう。例えば、炒めた牛肉にプチトマトを添えてみる。焼き魚の白に緑のインゲン豆を添えるなどです。栄養素が1種加えられたことになってバランスよくなります。彩りがよくなり見た目もきれいで楽しめますし、栄養的にもバランスよくなるので、一石二鳥です。

Personal Color

パーソナルカラー 〜あなたに似合う色は？〜

■パーソナルカラーとは？

パーソナルカラーとは、「似合う色」のことです。

誰にでも、こんな経験はないでしょうか？
気に入った色の洋服を試着したり、アイシャドウや口紅を試した時、思っていたイメージと違った。しっくりこない。顔色が冴えない。違和感がある。
人が付けていて、とても綺麗だった口紅やアイシャドウを自分が付けてみるとまったく似合わなかった。唇や瞼だけ、浮いてしまったなど。

人には、「似合う色」と「似合わない色」があります。
上記の経験は、「似合わない色」を選んでしまった場合、肌色がくすみ、元気がないように見えてしまいます。

では、「似合う色」とはどんな色なのでしょう。

それは、人が生まれつきもっている肌や髪、瞳の色によく調和する色のことです。その色は、身に付けることによって肌の色を明るく、生き生きと、若々しく見せてくれます。そして最大限に自分の魅力を引き立たせ、もっとも輝かせて見せてくれる色なのです。

　「似合う色」を知って、自分の生活を豊かにしてみませんか？
　例えば、大切な人に会う場合、似合う色を着ている時と、似合わない色を着ている時、それぞれどのように印象が違うでしょうか？
　似合う色を着ている貴方は、見た目にも自信にあふれ、生き生きとして輝いて見えることでしょう。一方、似合わない色を着ていたとしたら、顔色はくすみ、どんなに元気に話していても、疲れたように見えてしまうかもしれません。
　これが、お見合いや大切なビジネスの場面だったとしたら、あなたはどちらを選びますか？

　人は、第一印象を数秒で決めてしまうといいます。その印象をとてもよいものにしたいと思いませんか？
　パーソナルカラーは、それを簡単に実現できる方法なのです。

■パーソナルカラーの歴史

　パーソナルカラーは、1980年代にアメリカから日本に紹介されました。その基本のカラーシステムは、ロバート・ドア(アメリカ：1905～1979)のイエローアンダートーン・ブルーアンダートーンの配色調和論になります。
　彼は、これを「カラーキー理論」としてまとめ、インテリアやカラーデザインなど様々な分野で成功しました。

Personal Color

　パーソナルカラーは、このカラーキー理論を応用し、イエローアンダートーンをウォームカラー、ブルーアンダートーンをクールカラーとしました。それをさらに4つに分類し、春夏秋冬に分けていくシステムになっています。

　このシステムは、キャロル・ジャクソン『Color Me Beautiful』、スザン・ゲイギル『Color The Essence of You』などの出版によりアメリカ全土に普及していきました。

ロバート・ドア：Rovert Dorr
　1905 ～ 1979　アメリカ　　色彩心理学者

　「カラーキープログラム」を開発。
　　Key1 Colors　青みを帯びたブルーベースのグループ
　　　　　　　　（クールカラーの調和）
　　Key2 Colors　黄みを帯びたイエローベースのグループ
　　　　　　　　（ウォームカラーの調和）

キャロル・ジャクソン：Carole Jackson
　1942 ～　　　アメリカ　　カラーコンサルタント

　著書『Color Me Beautiful』
　フォーシーズンパレットを考案。

スザン・ケイギル：Suzanne Caygill
　1911 ～ 1994　アメリカ　　服飾デザイナー

　著書『The Essence of You』

■カラーリストによるイメージ戦略

　1960年の第35回アメリカ大統領選の影では、カラーリストが活躍しました。
　新進の上院議員ジョン・F・ケネディ対、経験豊富な現職副大統領リチャード・M・ニクソン。
　経験の差などで圧倒的に不利な立場に立っていたケネディが、なぜ大統領に選ばれたのでしょうか。それは、テレビでの公開討論が一因したといわれています。折りしもカラーテレビが普及し始めた時代でした。
　当日、ケネディ候補はカラーリストの助言に従い、ブルーのシャツに赤いネクタイを身につけ、テレビの前に立ちました。それは日焼けした肌を健康的に見せ、明るく生き生きとして、リーダーシップを感じさせる姿でした。
　一方、ニクソン候補は、暗い色のスーツ姿で、痛めていた膝をかばいながらの演説となりました。痛みのせいか青白い顔で話すニクソンは、とても不健康そうに見えた、と当時のマスコミは伝えています。

Personal Color

　討論会の後もケネディ候補は、徹底したイメージ戦略を行っています。その結果、43歳の若き大統領が誕生することになりました。

　この選挙戦は、多くの人々が服装の色やイメージの大切さに深い印象を持つきっかけとなりました。

　また、「パーソナルカラーコンサルテーションの始まり」のエピソードとして、日本でもよく話題に取り上げられます。

　現在でも、多くの政治家が自らのイメージアップのためにカラーリストによるコーディネーションを受けています。

　初の黒人大統領となったバラク・オバマ大統領も、色を効果的に使って演説などの場に立っていました。家族全員が公的な場に立つ時も全てがカラーコーディネートされ、色の効果をとても生かしていた姿が印象に残っているのではないでしょうか。

　このような目線で、政治家の方などの服装をチェックしてみると、その政治家のなりたいイメージ、またなぜ今その色を選んでいるのかが分かって面白いかもしれません。

　洋服の色にも、様々なメッセージが込められていることもあるのです。

■日本人とパーソナルカラー

　パーソナルカラーは、その人の肌の色、髪色、瞳の色の特徴をいくつかのタイプに分類し、各タイプごとに似合う色を提案するというのが基本です。
　アメリカから日本に紹介された当初は、多人種国家のアメリカと日本では基準や分類が違うため、日本人には当てはまらないのではと否定する声もありました。実際、アメリカで診断を受けた人達は皆同じグループに分類されたという話もあります。
　しかし、日本のカラーリストの先駆者達によって、日本人に合う分類方法へと徐々に改良され、現在に至ります。

　こうして発展してきたパーソナルカラーは、当初、政治家や一部上流階級の人々の特別のものというイメージがあったようです。
　最近では、様々な雑誌やメディアに取り上げられる機会も増え、パーソナルカラーは一般の人達にも広まり始めています。雑誌や広告などでパーソナルカラーという文字を見たことがあったり、簡単なチャート式の診断をしたことはありませんか。
　最近では、女性だけでなく男性対象の雑誌などでもパーソナルカラーの特集を見かけることもあります。
　それだけ人は、自分の似合う色に注目し始めているのです。

　色に迷うことはありませんか？
　現在の日本は、ファッション、ヘアカラー、ネイルカラー、メイクなど様々な色が溢れています。海外の製品も簡単に手に入ります。パーソナルカラーは、このような多様化した日本の色環境にも敏感に対応していくことが不可欠になっています。

■似合う色・似合わない色

　パーソナルカラーでは、その人と調和する色を「似合う色」、その人と調和しにくい色を「似合わない色」と表します。では、それぞれの色を身につけた時の印象はどう違うのでしょうか。

　それぞれの印象は、このようになります。

◆似合う色（調和している色）

- ・肌色（顔色）がよく見える
- ・肌に透明感がでる
- ・瞳の色が映える
- ・イキイキとした印象になる
- ・肌のトラブルが目立たない
- ・顔が立体的に見える
- ・血色がよく見える
- ・美しい肌に見える
- ・髪の色が艶やかに見える
- ・若々しく健康的に見える
- ・顔がしまって小さく見える
- ・個性とマッチした雰囲気が出る

◆似合わない色（不調和のとき）

- ・肌色がくすんで見える
- ・肌色が灰みをおびて不健康に見える
- ・頬の赤みが強調される
- ・派手な印象に見える
- ・顔が大きく見える
- ・肌色がくどく見える
- ・老けて見える
- ・色が馴染まず違和感がある
- ・肌のトラブルが目立つ
- ・個性とマッチした雰囲気が出ない

少しの色の違いだけで、これだけ印象が変わってきます。

色を悩んで試着した時など、自分にも思いあたるところはありませんか？

　では、あなたならどちらの印象でありたいと思われますか？「似合う色」ですか？それとも「似合わない色」ですか？

　誰だって自分の印象を、悪くしたいと思う人はありませんよね。人に良い印象を与えるためには、「似合う色」を着てみてください。周りの反応もきっと変わってくるはずです。

　「似合う色」を上手に活用してみましょう。

■パーソナルカラーのメリット

「似合う色」を身につけるとは？

　「似合う色」を身につけていると、自分だけでなく他人も心地よく本来の個性に素直になれて、自ら進んで活き活きとしたメッセージを発信できるようになります。それは円滑なコミュニケーションを生み、新しい世界が広がることに繋がります。
　人が自分の能力を高めたり、人間性の豊かさを求めるのと同じように、他人からどう見られているのかといった、自分の見た目の好ましさに関心を持つことはとても大切なことなのです。

Personal Color

「色」で表現できること

　色にはそれぞれのイメージがあります。赤は情熱、黄色は希望、緑は癒し、青は冷静、紫は個性的など。そうしたイメージを大いに活用できるのもパーソナルカラーのメリットです。

　会見や大切な会議の時は、必ず赤いスーツを着るようにしていたという女性政治家がいました。
　赤は、やる気を表すと同時にリーダーシップを表してくれる色です。
　テレビに映る彼女の姿は、必ず何かやってくれる、変えてくれると思わせてくれるようでした。その理由は、彼女にこの赤色が似合っていたからでしょう。
　しかし、もしこの色が似合っていなければ、彼女の印象は赤い服を着た人で、むしろきつい派手な女性のイメージが付いてしまったのではないでしょうか。似合う色を身につけるということは、あなたのイメージをより輝かせて見せてくれるのです。

　なんとなく好きだからとか、流行っているからという理由で洋服を選んでいませんか？周りを見渡すと、みんな同じ色を着ていたなんてことが実際にあります。それでは、個性が埋もれてしまって大変もったいないですね。

　自分の似合う色で自己表現をしてみませんか。似合う色を身にまとったあなたは誰よりも魅力的に見えることでしょう。せっかくお洒落を楽しむのなら、雑誌の真似事や流行を追うのではなく、自分の似合う色を存分に活用して、人とはちょっと違う自分を演出してみませんか？

「色」選びの新基準

　今まで買ってきた服の中で、周りの人達に評判のよくない服はありませんか？

　そんな服はだんだん着なくなり、やがて「タンスの肥やし（ワードローブ）になっているのでは？「色」選びの失敗は誰にでもあるものです。

　パーソナルカラーを知ることは、そんな失敗を簡単に無くしてくれます。

　もちろん、「好きな色」と「似合う色」が違うこともあるでしょう。その場合は、自分の中の色の選択範囲が広がったと考えてみてください。

　自分で勝手に似合わないと思っていた色が、意外と似合っていてそれを実際に着てみると、今までのイメージとは変わるかもしれません。しかしそれは、自分のお洒落の幅が広がるということになり、嬉しいことです。

　どんどん変わっていく流行を追って洋服を買い集めていると、ワードローブは増えていく一方です。

　「似合う色」をポイントにおくだけで、何が必要で何が必要ないのか、とても分かりやすくなります。それだけでも、無計画に洋服を増やしていくことから脱出し、本当に必要な洋服だけを計画的に揃えられるようになるでしょう。さらに、パーソナルカラーに基づいて揃えられた服は、全て自分に似合う色であると同時に、その服の色同士が調和している色

なのです。
　つまり、洋服の着こなし、アレンジなどが簡単にできて少しの洋服を何倍も楽しんで着ることができます。
　また、今まで挑戦できなかった新しい色の組み合わせなどにも自信を持ってチャレンジすることができるでしょう。
　今までしたことのない色の組み合わせを発見することも、楽しいですね。
　自分オリジナルの配色がたくさん広がっていきます。

■暮らしの中にパーソナルカラーを

　パーソナルカラーは、洋服やメイクだけでなく、暮らしの中に取り入れることが可能です。
　自分が生活している周りを見回してください。色が使われていないところはありますか？

　生活していく場所には、様々な色が存在しています。

　いつもモノを選ぶ時、たくさんある色の中から１色を選んでいませんか？
　それは何を基準にして選んでいますか？

　そこにもパーソナルカラーを取り入れることで、すべてにおいて調和のとれた生活を手に入れることができます。

　例えば、家のインテリアカラー。部屋を見渡して、なにか違和感のある色はありませんか？
　せっかく買ったクッションの色が部屋に合わなくて困ったなどという悩みは？

パーソナルカラーを使うと、難しそうなインテリアカラーでも簡単に調和のとれた、またイメージに合った色選びや配色をすることができます。
　壁紙・カーテン・ソファー・クッションなど、自分に似合う色とイメージでコーディネートしてみましょう。

　車の色はどうでしょう。
　自分が楽しんで乗る車、決して安くはない買い物です。無難な色を選んでしまっていませんか？駐車場に並んでいる車は白、黒、シルバー、あなたの車の色は？今の車は様々な色展開をしています。せっかくなら色も楽しみたいですよね。
　それならば、似合う色を選んでみませんか？
　似合う色は自分にとって、とても居心地のいいものです。似合う色の車に乗ってみると、今まで以上に楽しいドライブになるかもしれませんよ。

Personal Color

　自分に調和する色に囲まれて生活することは、とても居心地がよく、自然に生き生きと元気になれるはずです。
　「似合う色」を知ることで、暮らしのあらゆるシーンで、色の美しさや楽しさをより身近に感じ、より充実した生活を送ることができるのです。
　パーソナルカラーを使って、彩り豊かな生活を送ってみませんか？

■いつまでもキレイに

　パーソナルカラーは、若者だけのものではありません。シニア世代にもとても有効なツールです。

　誰にでも、ずっとキレイでいたいという願望はあるでしょう。もちろん、それはシニア世代になっても変わらないことです。
　似合う色を知っている人と知らない人の差は、年齢を重ねた時の方がより顕著に表れます。
　それならば、より若々しくイキイキとしていられたら、とても楽しいと思いませんか？年を重ねたからといって、お洒落を我慢することはありません。

遠慮して似合わない色を着てしまっていたら、顔だけでなく心もどんよりとしてしまいます。そんなのはもったいないですよね。
　自分の似合う色で素敵なお洒落を楽しみませんか？誰にでも似合う綺麗な色があります。自分に似合う綺麗な色を見つけてみましょう。
　そこに役立つのがパーソナルカラーなのです。

　こんな話があります。
　ある施設でおばあさんを対象にパーソナルカラー診断とそれにそったメイクを行いました。おばあさん達は自分に似合う色を楽しんで、普段はしないのにメイクで綺麗にしてもらってとても嬉しそうでした。しかし、それ以上に喜んでいる人たちがいました。それは、おばあさんと同じ施設で生活しているおじいさん達。綺麗になったおばあさんを見て、とても嬉しそうだったのです。

　綺麗な色は、身につけている本人だけでなく見ている周りの人達も幸せな気分にしてくれます。綺麗な色の服やメイクをして、人生をより楽しいものにしてみませんか？

　パーソナルカラーに年齢制限はありません。自分が似合う綺麗な色で、お洒落を存分に楽しみましょう。

パーソナルカラー
～実用編～

では、実際に診断してみましょう

■ボディカラーのチェック

　わたしたち日本人は、いわゆる黄色人種で、同じ肌色をしていると思いがちです。
　一見同じように見えても、個々に生まれ持った固有の「色」が存在します。
　それをボディーカラーと呼び、「肌」「瞳」「髪」「頬」「唇」などの色のことをいいます。
　友達や隣の人の瞳や肌の色と、自分の色を実際に見比べて見てください。微妙な違いに気付きませんか？

　では、比べた人の色と、自分の色をそれぞれ言葉で表現してみましょう。「明るい」「暗い」「やさしい」「強い」「淡い」「濃い」「黒っぽい」「茶色っぽい」「グレイっぽい」など、よりお互いのもつ色の特徴がはっきりしてきます。

　この特徴は、その方の「印象」ということになり、パーソナルカラーにおいて、とても大事なものになります。

　その特徴をしっかりと念頭においておくと、「似合う色」を見つける時に役に立ちます。

では、肌の色に注目してみましょう。あなたの肌はどのような色をしていますか？
　肌の色は、「色白」「色黒」「黄っぽい」「赤っぽい」など表現されます。それは、肌に含まれるメラニン色素の比率などによって、微妙に色に違いが出てくるためです。

　ファンデーションは、「オークル系」と「ピンク系」などに分けられていますが、黄みやオレンジがかったオークル系は「ウォーム系の肌」、ローズの赤や紫がかったピンク系の肌は「クール系の肌」といいます。

　オークル系の肌で「色白」の方は、【SPRING】(※次ページの「パーソナルカラーの4シーズン」参照)の特徴を持っているといえます。反対に「色黒」の方は【AUTUMN】の特徴を持っているといえます。

　ピンク系の肌で「色白」の方は、【SUMMER】の特徴を持っています。【WINTER】の特徴を持つ方は、「色白」と「色黒」の両方の方がいます。

Sp		Su	
		Wi	
Au		Wi	

　次に、黒目と髪の毛の色に注目してみましょう。
　「茶色で明るい」のは【SPRING】の特徴です。「ソフトな黒」、もしくは「こげ茶」は【SUMMER】の特徴です。「茶色で深い」のは【AUTUMN】、「黒く濃い」のは【WINTER】の特徴といえるでしょう。

Personal Color

簡易的に特徴を書きましたが、一概にはいえません。
　実際の診断には、ドレープと呼ばれる色の布を顔の下に当てて、対比現象を見ていきます。１つだけのグループに留まらず、複合型の方も多いからです。

■ウォームとクール

　そして、パーソナルカラーでもう１つ大事なのは、色のグループ分けです。まず最初に色を、「ウォーム」と「クール」に分けてみましょう。

　「ウォーム」とは、日向で太陽光が当たっているような温かみを感じさせる色で、「黄」がベースになっています。「イエローアンダートーン」、「イエローベース」ともいいます。

　「クール」とは、日陰のひんやりとした涼しさを感じさせる色で、「青」がベースになっています。「ブルーアンダートーン」、「ブルーベース」ともいいます。

　例えば、「青」と一口にいっても下図のように、「ウォームな青」と「クールな青」とがあるのです。
　他の色も同様に「ウォーム」と「クール」に分けることができます。ぜひ探して比較してみてください。

C100M0Y15K0　　　　　　　　　　　　　　C100M31Y0K0

■パーソナルカラーの4シーズン

　パーソナルカラーは、「ウォームカラー(イエローアンダートーン)」と「クールカラー(ブルーアンダートーン)」に分けられると先程説明しました。この2つのグループを、さらに2つに分け、4つのグループに分類します。

　これらのグループには季節の名前が付けられています。それぞれの季節の特徴を当てはめて、カラーパレットのイメージを膨らませやすくしています。

　「ウォームカラー(イエローアンダートーン)」を明るい春の色【SPRING】と深い秋の色【AUTUMN】に分けます。「クールカラー(ブルーアンダートーン)」を優しい夏の色【SUMMER】と強い冬の色【WINTER】に分けます。
　これら4つのグループが、「パーソナルカラーの4シーズン」と呼ばれるものです。

　【SPRING】【SUMMER】【AUTUMN】【WINTER】の、どのタイプに自分は属するのか、つまりどのグループの色が自分に似合うのかを見ていくのです。

　では、それぞれの季節のイメージを思い浮かべながら、パーソナルカラーの4シーズンの特徴を詳しく見てみましょう。

Personal Color

YELLOW BASE

SPRING

春は、誕生の季節です。

　春の息吹とともに、さまざまな色の花々が咲き乱れます。花壇やフラワーショップの明るく鮮やかな色を思い浮かべてみてください。菜の花の黄色などはハッと目を引く鮮やかな色ですね。
　また、木々の芽吹きの若々しい緑もやわらかさを感じさせ、新しいスタートも感じさせてくれます。元気いっぱいなイメージを作り出せるビタミンカラーのオレンジ、黄緑などもこのシーズンには含まれます。多色配色が似合います。

　元気がない時は、ほんの少しでもいいのでこのビタミンカラーのポップで元気な色を身につけてみてください。沈んだ気持ちを明るくしてくれるはずです。

YELLOW BASE
SPRING

　肌が色白で、透明感がある方が多く、目や髪もつやつや、きらきらしているのも特徴的です。
　このタイプの方は年齢を重ねていても、いつまでも元気なイメージで若々しく見られることが多いようです。

【カラー】　　コーラルピンク・たんぽぽ色・アップルグリーン・ターコイズブルー・ベージュ

【イメージ】　ポップ・可愛らしい・明るい・華やか・コケティッシュ・若々しい

【芸能人】　　松浦亜弥・浜崎あゆみ・香取慎吾・小池撤平

Personal Color

Personal Color

YELLOW BASE

SPRING

BASIC COLOR

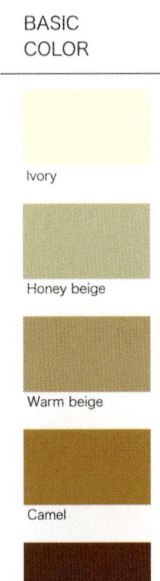

- Ivory
- Honey beige
- Warm beige
- Camel
- Golden brown
- Warm gray
- Pink beige
- Light navy

ASSORT & ACCENT COLORS

- Peach pink
- Light salmon
- Nail pink
- Coral pink
- Coral red
- Bright red
- Orange red
- Orange

- Apricot
- Light orange
- Golden yellow
- Canary
- Light gold
- Pastel yellow green
- Yellow green
- Apple green

- Plastic turquoise
- Light aqua
- Pastel turquoise
- Medium blue
- Pansy
- Heliotrope

YELLOW BASE
AUTUMN

秋は、実りの季節です。

　自然界のカラーパレットも、落ち着いた深みのある濃い色へと移り変わります。
　紅葉や銀杏、落ち葉の色、果実の豊かな色合いがとても綺麗です。収穫の季節でもあり、秋のテーブルに広げられる味覚の色ともいえます。
　成熟の味わいや、芸術などの深みもイメージさせる色が揃っています。
　落ち着いた雰囲気なので、大人の男性が好む色がたくさん含まれています。

　肌は少しダークな方が多く、髪の毛は深い茶色の方が多いようです。都会的でリッチなイメージを持ち、ゴージャスという言葉がピッタリくる、ゴールドがとてもよく似合うグループです。

Personal Color

Personal Color

YELLOW BASE
AUTUMN

　エキゾチックな感じや、神秘的なイメージがとてもよく似合うのがAUTUMNの特徴の1つです。

【カラー】　　サーモンピンク・ゴールド・オリーブグリーン・
　　　　　　　ピーコックブルー・茄子色

【イメージ】　ゴージャス・リッチ・大人っぽい・知的・ナチュラルな

【芸能人】　　叶恭子・篠原涼子・木村拓哉・佐藤健

AUTUMN

IMAGE COLORS : GREEN, BROWN
DARK RED,
BAIGE, GOLD
IMAGE TONES : DEEP, DULL, GRAYISH
IMAGE WORDS : MELLOW, RICH, ETHNIC,
CLASSIC, SPICY, こだわり

秋は豊かな実りと熟成の季節。
収穫を迎えた果実は甘く深みを帯びた色に熟し、
山々の木々は黄金や深紅に美しく色づく。
生命の充実感を表現するカラーグループ。

YELLOW BASE

AUTUMN

BASIC COLOR

- Oyster white
- Champagne
- Cafe-au-lait
- Coffee brown
- Chocolate
- Olive green
- Moss gray
- Deep sea

ASSORT & ACCENT COLORS

- Cameo pink
- Apricot pink
- Salmon
- Red paprika
- Dark tomato red
- Rust
- Mahogany
- Terra cotta
- Deep orange
- Pumpkin
- Gold
- Mustard
- Bamboo
- Pistachio
- Moss green
- Grayed green
- Khaki
- Turquoise
- Teal
- Deep teal
- Plum
- Violet

Personal Color

Personal Color

BLUE BASE
SUMMER

夏は、梅雨のしっとりとした季節です。

　初夏から梅雨にかけての、グレイッシュな空に紫陽花のやさしい青や紫がさわやかに色付きます。パステル調のスケッチを描いたような季節です。
　ラベンダーや花菖蒲、あやめなどブルー系の色の花がたくさん咲きます。

　暑い真夏を迎える前のソフトな明るさがこのグループの特徴です。明るくても、鮮やかさを抑えた色が揃います。グラデーション配色が似合います。

　少し青みをおびたピンク色の肌が特徴です。ふわふわしている感じのウェーブのヘアスタイルがよく似合います。
　やさしいイメージやエレガントな女性らしいイメージを持っている人

BLUE BASE
SUMMER

が特徴的です。フェミニンなイメージを作り出すのも得意なグループです。このグループの女性は、比較的日本人男性には、好まれます。女性なら一度は憧れるグループでしょう。

- 【カラー】　　　パステルピンク・パステルイエロー・ミントグリーン
　　　　　　　　　スカイブルー・ラベンダー

- 【イメージ】　　エレガント・フェミニン・ソフト・爽やか・涼やか

- 【芸能人】　　　松嶋菜々子・黒木瞳・蒼井優・谷原章介・福山雅治

SUMMER

IMAGE COLORS : LIGHT BLUE, PINK, GRAY, LAVENDER
IMAGE TONES : SOFT, LIGHT-GRAYISH, PALE
IMAGE WORDS : ELEGANT, GENTLE, MILD FEMININE, TENDER, SOFT

夏は涼しげな水の音が心地よい季節。
早朝、霧の中で濡れた花のやさしい色が浮き立つ。
昼間の太陽を避け、涼む軒下のブルーグレイの陰色。
爽やかな時間を表現するカラーグループ。

Personal Color

Personal Color

BLUE BASE

SUMMER

BASIC COLOR

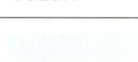

- Milky white
- Fog
- Elephant grey
- Rose grey
- Brown grey
- Plum brown
- Mineral blue
- Greyed navy

ASSORT & ACCENT COLORS

- Pastel pink
- Rose pink
- Orchid
- Soft fuchsia
- Water melon
- Cherry pink
- Raspberry

- Light yellow
- Pastel green
- Light true green
- Viridian
- Hyacinth
- Pastel blue
- Forget-me-not blue
- Deep periwinkle

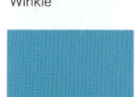

- Calm pink
- Smoky pink
- Azuki bean
- Winkle
- Smoky blue
- Amethyst
- Lavender

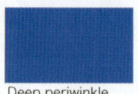

BLUE BASE
WINTER

冬は、自然界の眠りの季節です。

　山や街は、まぶしいくらいの真っ白な雪で覆われます。
クリスマスにはツリーやポインセチアの赤と緑。
　凛と冷たく澄んだ空気の中に、鮮やかな色が映える様子を想像してください。

　はっきりとしたvividカラーが、WINTERのカラーパレットに含まれます。コントラスト配色がとても似合います。

　色白な方か、ダークな青みがかった肌の方が多く、髪の毛や目のインパクトが強く、メリハリがある顔の方が多いのも特徴です。

Personal Color

Personal Color

BLUE BASE
WINTER

　白と黒とのコントラストを着こなせるのも、このシーズンの方だけといっても過言ではありません。クールビューティーという言葉がピッタリです。

【カラー】	ワインレッド・レモンイエロー・フォレストグリーン インペリアルブルー・ブラック・ホワイト
【イメージ】	鮮やかな・メリハリのある・シャープ・モダン・凛とした・強い・クール
【芸能人】	大地真央・柴咲コウ・坂口憲二・阿部寛・水嶋ヒロ

WINTER

IMAGE COLORS : BLUE, PURPLE, WHITE, BLACK, SHOCKING PINK, SILVER
IMAGE TONES : VIVID, DARK, STRONG
IMAGE WORDS : SHARP, MODERN, HARD, DYNAMIC, BRILLIANT

冬は全ての営みをリセットする季節。
活動を休止した自然界に誇りめそぐ雪。
神聖なる白の世界は他の色みを鮮やかに映します。
眠りと輝かしい再生の予感を表現するカラーグループ。

BLUE BASE

WINTER

BASIC COLOR

- Snow white
- Sky gray
- Charcoal gray
- Steel gray
- Black
- Taupe
- Cocoa
- Indigo

ASSORT & ACCENT COLORS

- Shocking pink
- Magenta
- Fuchsia
- Deep magenta
- Cranberry
- Wine red
- Burgundy
- Royal purple

- Vivid yellow
- True green
- Pine green
- Cyan
- Hot turquoise
- Sapphire
- Heliotrope
- Royal blue

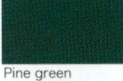

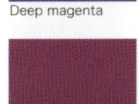

- Dark purplish blue
- Icy pink
- Icy lemon
- Icy blue
- Icy violet
- Pearl gray

Personal Color

Personal Color

パーソナルカラー

～メンズ編～

　パーソナルカラー診断は、女性だけのものではありません。男性も同じように、色でイメージを変えたり、自分らしい色を知って個性を輝かせることができるのです。
　ビジネスにおいても、第一印象はとても重要ですよね。人は出会った瞬間からその人をイメージしています。特にビジネスではスーツを着用することが多いので、洋服のデザイン(形)で個性をアピールすることは難しいのですが、色がその手助けをしてくれます。

　では、似合う色のスーツやシャツ、ネクタイを身に付けると、どうでしょう。
　1960年にはケネディ大統領がご自身のパーソナルカラーを活用して見事に大統領選を制したのは前述しましたが、オバマ大統領も演説の際「正義」「信頼感」といったイメージを、ブルーのネクタイで表現していたのは記憶に新しいでしょう。

　日本でも江戸時代の後期、「四十八茶百鼠」といわれたように、地味な色でも微妙に色調を変化させたことを「粋」としていました。江戸茶、団十郎茶、利休茶、銀鼠、深川鼠、茶鼠など数え出すときりがないほどです。
　そういった微妙な色を見分けることができる日本人だからこそ、スーツ選びも楽しむことができるのではないでしょうか。

　男性に対応するため、カラードレープにも明度、彩度を低く抑えたド

レープを加えると、スーツ選びやベーシックカラーへの診断に細かく対応することができます。
　意外と似合うかどうかは、こうしたベーシックカラーにおいて影響が大きいものです。

　一般的に男性の場合、女性と同じ効果を求めるとは限りません。
　例えば、「色白」や「透明感」という言葉は女性にとっては「美白」のように「美」の象徴のようにいわれますが、男性にとっては「弱い」イメージとなり、あまり好まれない方も多いのです。

　その場合、「清潔感」「すっきりした」というようなワードが相応しいようです。

　このほか、男性の場合、「ヒゲ剃り跡」が色によって目立つか目立たないかは、診断の上で大きなポイントになります。

「顔色がくすんでいないか」
「赤ら顔になっていないか」
「信頼感があるか」
「あか抜けて見えるか」　なども加えて診断していくとよいでしょう。

　各シーズンの特徴をおさえて、イメージ作りを楽しんでください。

Personal Color

/ Personal Color

SPRING

MEN'S COLOR IMAGE

SPRING

IMAGE COLORS : ORANGE, YELLOW, YELLOWISHGREEN, CORAL
IMAGE TONES : PALE, LIGHT, BRIGHT
IMAGE WORDS : CLEAR, HEALTHY, FRESH, VITALITY, CHEERFUL

春は新緑の美しい季節。
特に行ったこの時を演奏するように、
色内は活気にあふれ、爽やかさを感じる。
溌剌と輝きを表現するカラーグループ。

MEN'S STYLING COLORS

SPRING

若々しく朗らかなイメージ

　SPRING（春）タイプの人は、年齢に関係なく、若々しく、元気で明るいイメージを持っています。基本的にイエローベースの色が似合います。イエローベースの色は顔色が血色よく見え、全体的にふっくらとした優しい雰囲気になります。

明るい色（高明度色）

　全体的に明るい色の多いグループです。明るい色は顔色を明るく見せ、親しみやすい印象になります。
　スーツを淡いベージュ、明るめのグレイを選んでもよいでしょう。

派手な色（高彩度色）

　黄みを含んだ鮮やかな色やポップな色を着こなせるのも、このタイプの人です。カジュアルに、アクティブにとイメージングできます。
　ビジネスシーンにはネクタイで、オフにはグリーンやオレンジなどをメインに使用して陽気でスポーティなイメージを作るなど、工夫してみてください。

クリアな色（清色）

　色は澄んだ色と濁りのある色がありますが、SPRINGタイプの人は澄んだ、透明感のある色がお似合いです。鮮やかな色と同様に、表情が生き生きと見え、肌にツヤ感が増します。

Personal Color

SUMMER

MEN'S COLOR IMAGE
SUMMER

IMAGE COLORS : LIGHT BLUE, PINK, GRAY, LAVENDER
IMAGE TONES : LIGHT-GRAYISH, GRAYISH, LIGHT SOFT
IMAGE WORDS : GENTLE, SOFT, TENDER, MILD, INTELLIGENT

夏は涼しげな水の音が心地よい季節。
雨の中であいにくのやわらかい色が浮き立つ。
幻想の入口を通った、涼彩系下のブルーグレイの景色。
静かな空間性を表現するカラーグループ。

MEN'S STYLING COLORS

SUMMER

ソフトで洗練されたイメージ

　SUMMER(夏)タイプの人は、しなやかですっきりした洗練感があります。色はブルーベースの涼やかな色がよく似合います。
　ブルーベースの色は、顔の色みを抜き、透明感が出ます。輪郭も引き締まり、清潔なイメージとなります。

明るい色(高〜中明度色)
　明るい色から中間色の多いグループです。明るい色は顔色を明るく見せ、爽やかな印象になります。

パステルな色(低〜中彩度色)
　青みを含んだ淡い色からパステルカラーのような上品な色が、特徴のグループです。
　肌がなめらかに見え、シックでありながら洗練されたイメージになります。
　スーツではシャツやネクタイに取り入れると柔和でありながら、クールな印象を与えます。

ソフトな色(濁色)
　色は澄んだ色と濁りのある色がありますが、SUMMERタイプの人は、淡く澄んだ色と中明度の濁色がお似合いになります。澄んだ色(清色)は顔にツヤ感を与えみずみずしい印象に、濁色は輪郭に奥行きを出し、穏やかな印象を表現できます。

Personal Color

AUTUMN

MEN'S COLOR IMAGE

AUTUMN

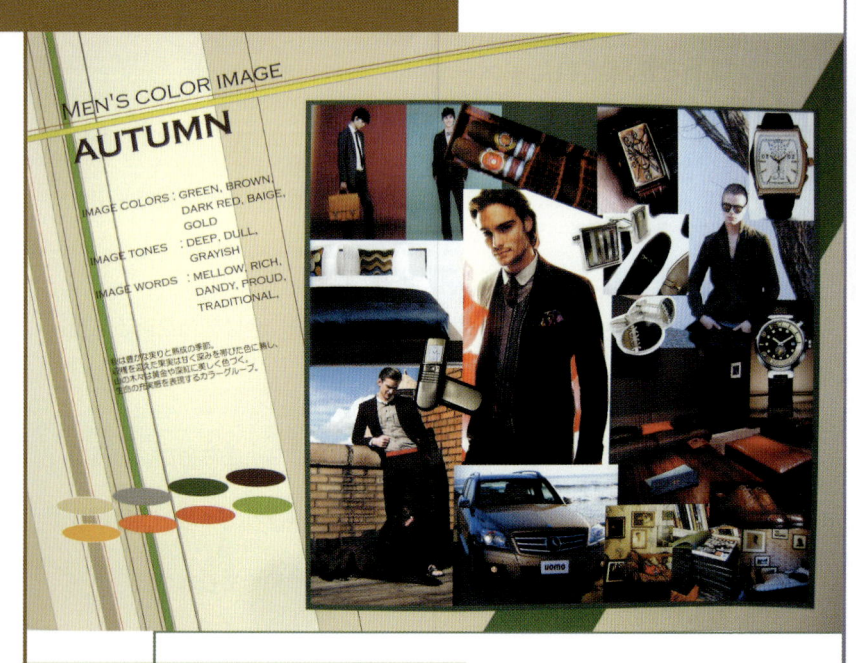

IMAGE COLORS : GREEN, BROWN, DARK RED, BAIGE, GOLD

IMAGE TONES : DEEP, DULL, GRAYISH

IMAGE WORDS : MELLOW, RICH, DANDY, PROUD, TRADITIONAL.

秋は豊かな実りと熟成の季節。
渋味を添えた筆加は深く深みを帯びた色に映し、
山の木々は黄色や深紅に美しく色づく。
豊饒の作実感を表現するカラーグループ。

MEN'S STYLING COLORS

AUTUMN

落ち着きと格調高いイメージ

　AUTUMN(秋)タイプの人は、シックで落ち着いたイメージがあります。逆に男らしくワイルドなイメージも持ち合わせています。
　色は、黄みの強いイエローベースが血色よく見え、肌になじみ、男度がアップします。

中間～暗い色(中～低明度色)

　中位から暗い色が似合います。深みのある濃い色が特徴で、顔を引き締めて見せ、男らしいダンディなイメージを作り出してくれます。

濃い色(中～高彩度色)

　黄みの強い深くて濃い色の多いグループです。濃い色は表情をドラマティックに見せ、強さを表現できます。クラシックなスーツもお似合いになるでしょう。またオフの日にはエスニックやアフリカンルックなどでワイルドさを表現するなど、おしゃれを楽しめます。

深みのある色(濁色)

　色の中でも濁色といわれる、いわゆる濁りのある色は、微妙なニュアンスが出て、シックでいながら味わい深い表情を演出できます。肌のキメを整え、顔に立体感が出ます。
　渋みのある色を着用しても老けて見えたりしないのが特徴です。

Personal Color

WINTER

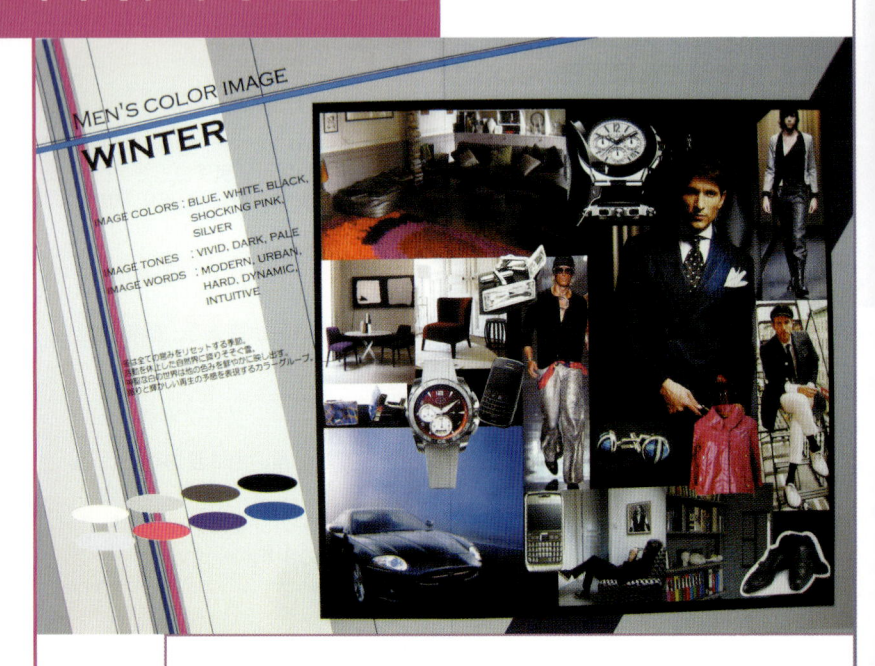

MEN'S COLOR IMAGE
WINTER

IMAGE COLORS : BLUE, WHITE, BLACK, SHOCKING PINK, SILVER

IMAGE TONES : VIVID, DARK, PALE

IMAGE WORDS : MODERN, URBAN, HARD, DYNAMIC, INTUITIVE

冬は全ての歪みをリセットする季節。
都会を体現した自然界に凛のそよぐ雲。
洗練された世界は地の色合を華やかに探し出す。
鋭と輝かしい再生の季節を表現するカラーグループ。

MEN'S STYLING COLORS

WINTER

知的でモダンな都会的イメージ

　WINTER(冬)タイプの人はクールできりっとしたイメージです。
　色は、青みの強いブルーベースが似合います。ブルーベースの色は輪郭を引き締め、シャープさを演出します。

明るい色と暗い色(高明度色または低明度色)
　暗めの色が似合います。暗い色は輪郭を引き締め、目元がはっきりするなど、顔の印象を強くします。また高明度色はツヤ感を増し、すっきりとさせてくれます。

派手な色(高彩度色)
　このタイプの人は、青みを含んだ鮮やかな色にも負けない強さを備えています。高彩度色は顔色を濃くし、ツヤ感とハリ感を増します。鮮やかな色のジャケットやＴシャツもおすすめです。

クリアな色(清色)
　色は明るさに関わらず、クリアで透明感のある色が似合います。どちらかというと、堅いイメージのある冬タイプですから、色も濁りのない色、白と赤など、コントラスト感が馴染みやすいのです。

Wedding Color

ウエディング・パーソナルカラー
～間違いのないウエディングドレス選び～

～ウエディングにおける
　　　　パーソナルカラーの重要性～

　似合う色の服を身にまとうという行為は、普段誰もがあたり前のように行っています。
　しかし、これが人生最高の晴れ舞台である「結婚式」の衣裳となると、どうでしょう。いつも以上に、自分自身を良く見せたい、綺麗に見せたいと、力が入るのではないでしょうか。

　人にはそれぞれの人生の中で、「晴れの日」というものがあります。例えば、ピアノの発表会、成人式、大学の謝恩会など。
　しかし、自分自身が主役となり、多く人々から祝福を受けるという場面は、一般人にとってなかなかないものです。何かの授賞式や記念パーティーなど、そのような場を除けば人生の中でのビッグイベントは、やはり「結婚式」といえるでしょう。

　では、皆さんはどのようにして晴れ舞台に着る衣裳を選んでいるのでしょうか。
　結婚式の日取りが決まり、会場も予約し、さあ、待ちに待ったドレス選び、と胸を躍らせながらドレスショップに向かいます。眩いばかりのドレスが目の前にズラリと並んでい

ます。
　しかし、ここで多くの方は躊躇されるのです。「どうやって選んだらいいの？」

　普段に着る洋服であれば、よほど凝ったデザインでない限りショップのスタッフに手伝ってもらわなくても、フィッティングルームに入り、自分で試着し、自ら顔映りやサイズを確認することができます。が、生まれてからドレスというものを着ることはおろか、触れることも初めての人にとって、どんなデザインや色のドレスが自分に似合うのか、どのサイズがぴったりなのか、皆目見当がつかない場合もあるのではないでしょうか。

　もちろん、ドレスショップのスタッフが、どのようなドレスが人気であるか、その人にどういったデザインが映えるのか、また細く見えるのか、などアドバイスしてくれますが、何も分からないあなたは、ただなすがままになってしまいます。結局、何も意見がいえないままドレスを決めてしまい、「じゃあそれで」と着せ替え人形になるわけです。
　いつもは、とてもおしゃれで女友達の間でもファッションリーダー的な存在の人でさえ、方向性を見失ってしまうことがあるのです。
　晴れの舞台である結婚式の当日、「新郎・新婦、ご入場です！」と華々しく扉が開いた瞬間、会場が歓声に包まれるか、静まり返るか…あなたはどちらがよいですか？

つい好みで選んでしまいがちですが、ここで自身のパーソナルカラーに当てはまる「白」を選ぶことによって、「似合うドレス」に一歩近づくことができます。

　さあ、それではパーソナルカラーに基づいた、間違いのないドレス選びの方法をお教えしましょう。
　すでにパーソナルカラーについては前述したとおり、ウエディングドレスもその理論に則って選ぶと、さらに美しさを引き立ててくれます。

「白」と一言でいってもいろいろな白があり、

≪SPRING≫　　…　生成り色に近い黄味がかった白
≪SUMMER≫　　…　優しい白　オフホワイト
≪AUTUMN≫　　…　アイボリーのような黄赤味の強い白
≪WINTER≫　　…　純白　スノーホワイト

と、それぞれ特徴があります。

　ウエディングドレスの場合、全体を占める白の面積が広く、ドレスの白が直接肌に映ります。ブーケや小物である程度、自身のシーズンカラーのイメージに近づけることができますが、やはりドレス自体でシーズンカラーを選ぶことが先決です。せっかくお気に入りのドレスを見つけても合わないカラーを選んだがために、「どうしたの？気分でも悪いの？」なんていわれたらショックですよね。
　また、結婚式に向けてせっせとエステに通い、美白に励んできたのに、「あら、日焼けした？」と言われたら、努力が台無しですね。

　それぞれのシーズンタイプによって、ドレスの素材やデザイン、フォルムにも特徴があるので、一緒にご紹介しましょう。

SPRING

　春のお花畑のようなイメージがぴったりのSPRINGは、アイボリーやクリーム系の白が似合います。

　ドレスも、ふんわりしたボリュームのあるものがおすすめです。ポップにキュートにかわいらしく、そして元気なマリエ。ウエディングドレスの王道、プリンセスラインやバストの下で切り替えがあるエンパイアライン、また思いっきり足を見せるスタイルのミディ（ミニ）丈のドレスを着こなせるのもこのシーズンタイプの特徴です。

　ヘアスタイルは、かっちりとまとめるよりもダウンスタイルでナチュラルさを演出しましょう。

　そして、ヘアオーナメントは小花を髪全体にあしらったり、クラウンをちょこんと斜めに載せて遊び心を演出してみるのもよいでしょう。アクセサリーは光沢の強い金属より、ドレスの共布で作ったコサージュやビーズのネックレスを合わせるとさらにSPRINGらしさが演出できます。ブーケも、野の花を摘んできたかのような自然なフォルムのクラッチブーケやバスケットブーケがよく似合います。

Wedding Color

SUMMER

　エレガントでフェミニンなイメージのSUMMERは、オーガンジーやシフォンのようなやさしい素材をうまく着こなせます。白を基調に淡いピンクやブルー、または明るいグレイの透け感のある色味を重ねるのもおしゃれです。

　ドレスは、Aラインやスレンダーラインのようなシンプルなものがおすすめですが、可愛らしさを演出したい人は、プリンセスラインでやわらかい素材のものを選ぶとよいでしょう。

　ヘアスタイルは、キュッとまとめたシニヨンに清楚な雰囲気の花を耳元に飾ったり、シルバーが基調のティアラがおすすめです。また清楚なイメージを持つアイテムの代表ともいえるマリアベールを上手に取り入れられるのもこのシーズンタイプの特徴です。アップスタイルに抵抗がある人は、軽くポンパドールにして、巻き髪のダウンスタイルにしても素敵です。

　ブーケは、あまり大ぶりにならないよう、セミキャスケードや小さめのラウンドブーケがよいでしょう。

AUTUMN

　ゴージャスでアダルトなイメージのAUTUMNは、存在感のある素材のドレスをおすすめします。

　生成りの生地にゴールドの刺繍が施してあるものや、シルクタフタをふんだんに使用し、ドレープ感を生かしたもの、またクラシカルなものも似合います。

　中世の貴族のようなバロック調のバッスルスタイルや、打掛けの素材を使ったジャパネスクなドレスもよいでしょう。

　ヘアスタイルは、アップスタイルでもダウンスタイルでも、お好みのものを選んでください。ヘアオーナメントは、大ぶりのものを選ぶと、より映えるでしょう。

　アクセサリーは、ゴールドを使うことでAUTUMNらしさが演出できます。またブーケは、クラシカルなイメージのマットなカラーのローズやプリザーブドフラワーのブーケもおすすめです。

WINTER

　シャープで個性的でインパクトのあるWINTERは、アシンメトリーなドレスや、メタリックな素材を取り入れたドレスをうまく着こなせます。マーメイドスタイル、スリップドレスのようなスレンダーラインがよく似合います。また大胆なカットのバックスタイルを持つドレスも素敵です。

　WINTERの色は、スノーホワイト、つまり純白を着こなすことができ、クールな印象を醸し出せます。

　ヘアスタイルは、かっちりまとめて大振りのヘアオーナメントを付けたり、アクセサリーもデザインが斬新なシルバーがおすすめ。

　ブーケは、深紅のバラや蘭、また長さを生かしたアームブーケがよく似合います。

このように、それぞれのシーズンの特徴をうまく生かすことで、その人の美しさだけではなく個性までも引き出すことができます。
　数あるドレスからたった1着を選ぶのは至難のワザ。そんな時に「私に似合う色、形は…」と、最初にある程度絞り込むことができたら、途方にくれることもないでしょう。

　そして、ウエディングドレスだけではなく、お色直し後のカラードレスや和装も、もちろんこの理論を基に選んでください。

　結婚式を迎える花嫁は、幸せに満ちてキラキラと輝いています。さらに、自分自身を引き立ててくれるシーズンカラーのドレスを身にまとえば、自信が芽生え、結婚式の当日も堂々と振る舞うことができるでしょう。

　今一度パーソナルカラーをおさらいし、あなたを最大限に美しく見せる運命の一着を見つけてください。

Makeup Color

～ パーソナルカラーを活かす
メイクアップ術 ～

　第一印象は、見た目(外見)で決まります。見た目で一番最初に見られる所はどこでしょう。ずばり「顔」ではないでしょうか。
　人は造作だけでなく、表情、顔色、視線など様々な印象によって、顔を認識します。

　あなたらしさを表すパーソナルカラーを知って、ワードローブを揃えたとしても、それにそぐわないメイクは、返って欠点を目立たせてしまうことになります。
　例えば、イエローベース(黄みのある肌)の方が、ピンク系のファンデーションを付けて、ブルーベースのアイカラーをすると、顔の上ではグレイっぽく変色して見え、くすんでいるように見えます。
　また、清楚な雰囲気をお持ちで、清色のパステルカラーがお似合いの方が、アラインで目を囲み、濁色のアイカラーでモードっぽくメイクアップされていたら、何だかちぐはぐして落ち着かない印象に見えませんか？パーソナルカラーを活かしたメイクは、色だけではありません。

　素顔＋質感＋骨格形成＋パーツポイント＋色＋線＝メイクアップ

この方程式をしっかり覚えましょう。

Makeup Color

How to make up

Foundation

　ファンデーションを付けたあなたの肌が、実際どんな色をしているか、鏡に写してみてください。

　ここで注意していただきたいのが、パーソナルカラー診断で、ブルーベースと診断されたからといって、必ずしも肌がブルーベース、ピンクみを帯びた肌ではないということです。黄み肌の方もいらっしゃいます。

　ファンデーションを選ぶ時は、一度肌の正面に付けてみて、ご自分の肌に馴染むものを使用してください。

　色味は同じで明るさは少し暗め、鮮やかさは少し強めがおすすめです。パーソナルカラー診断はあなたの素肌の色と、各色の布地との調和で決定されるわけですから、素肌の色を変えないことが大切です。
　肌の色に合ったファンデーションを使うことは、パーソナルカラーを活かすための、大切な第一歩といえるでしょう。

Eye brow

　よく「眉は顔の額縁」といわれます。
　それくらい眉の形、太さ、色によって顔の印象は大きく変わります。色はブラックやブラウンが一般的です。
　アイブローマスカラ、アイブローペンシル、眉用シャドーなどで、パーソナルカラーに合った色を調節しましょう。

Makeup Color

Rip color

　リップを付けた途端、何だか顔色が悪く、くすんだような気がした経験はありませんか？パーソナルカラーの色の効果は、リップの色でも、大きな役割を果たします。

　ブルーベースの方は、青みによったピンク系、イエローベースの方は、黄みによったピンク系やオレンジ系が似合います。
　明度が高い色(明るい色)は、顔色も明るく見せてくれます。明度が低い色(暗い色)は、肌とのコントラストを生み、唇を強調したドレッシーで艶やかなイメージとなります。
　彩度は、年齢が上がるにつれ、高めを選ぶとよいでしょう。

　基本的には、それぞれの唇の形に沿って描きましょう。描き方によっても印象を変えることができます。
　例えば、唇の山から口角まで直線的に描くと、シャープで知的、オリエンタルな印象になります。リップラインを曲線で描くと、女性らしさ、優しさ、グラマーな印象を表現できます。

Eye color

　メイクの中でも、たくさんの色が揃っているのが、アイカラーです。選ぶ時には、「イエローベース」「ブルーベース」といったベースカラーに合わせると、無駄もなく、コーディネートしやすいでしょう。
　色は、大きく2パターンに分けることができます。

【色】　ハイライト(凸に出る色)…高明度、低彩度
　　　　シャドー　(凹となる色)…低明度、低彩度～高彩度

ただし、アイカラーは、1色で仕上げることはありません。配色によって、ある色がハイライトにも、シャドーにもなり得ます。

アイメイクは、目元に立体感を作りましょう。持っている形を、そのまま強調するとよいでしょう。さらに、次の3パターンを組み合わせると、様々なバリエーションを楽しむことができます。

まつ毛の際が一番濃く、眉に向かっていくにつれて淡くする濃淡のグラデーション。日本人特有の目元の生かし方ができます。

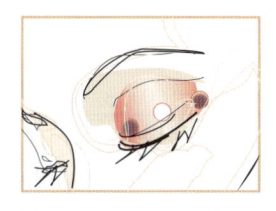

まぶた中央部を明るくし、目頭と目尻を暗くします。このとき、ハイライトとシャドーの境を自然にぼかすと、奥行きのある立体感を強調することができます。

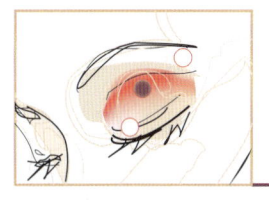

アイホールにシャドーを入れ、くぼみを強調し、目の際、眉骨にハイライトを入れると、彫りが深くなり、西洋人のような印象になります。

Makeup Color

　そのほか、アイメイクにはアイライン、アイラッシュがあります。どれも目力アップにはとても効果があります。アイラインは、まつ毛の生え際に沿って、まつ毛の間を埋めるように描きましょう。
　色は黒が基本ですが、優しい表情を出すにはブラウン系やグレイもおすすめです。TPOによって使い分けてもよいでしょう。

Hair color

　カラーリングの手法としてヘアカラー、アマニキュア、ブリーチなどがあります。

〈ヘアカラー〉

　髪の内部に浸透し、脱色と同時に化学反応により染料を染み込ませます。化学反応により染色するため、アレルギーテスト(パッチテスト)が必要です。
　ファッションカラーは、色数が多く色持ちや発色もよいので、髪色を変えたい方におすすめです。
　白髪は、ファッションカラーでは綺麗に染まらないので、カバーしたい方は、白髪専用の染毛剤を使いましょう。最近はグレイカラーといって色数も豊富になってきています。
　ヘアカラーは、髪へのダメージがありますので、トリートメント剤などでアフターケアを丁寧にすると傷みにくく、色持ちもよくなります。美容室などでよく相談するとよいでしょう。

〈ヘアマニキュア〉

　髪の表面を、コーティングして染色します。シャンプーの度に、色が落ちていき、3～4週間で元に戻ります。コートするので白髪は目立たなくなります。白髪染めに抵抗のある方や、カラーリングが始めての方にはおすすめです。ヘアカラーに比べ髪へのダメージも少なくなります。
　元の髪色によって、仕上がりに違いが出ます。

〈ブリーチ〉

　色素を脱色することで、明るさに変化を付けます。
　放置時間や髪質によって明るさは変わります。髪へのダメージが大きいです。

　いずれの場合も、元の髪色や髪質により発色には個人差があります。室内と室外では見え方が違います。室内でちょうどよい明るさでも、戸外では思いのほか明るく見えます。自分で染める場合は、自然光の中で明るさを見ながら行ったほうがよいでしょう。

　そのほかに天然染料のヘナがあります。発色は期待できませんが、髪を傷めることはありません。白髪などは徐々に浸透していき、目立たなくなります。

　ヘアカラーは、極端な色にすると、洋服とのコーディネートが難しくなります。また伸びてくると元の色との差が目立って、あまりきれいではありません。元色よりやや明るめの色を選ぶことで差が気にならなくなります。また髪は、1ヵ月に約1センチ程度伸びますので、美しさを保つにはこまめなケアが必要です。

… Makeup Color

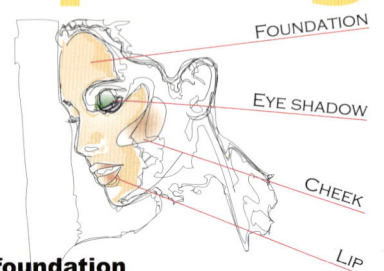

Spring

SPRINGタイプは、明るくてキュートなイメージです。色も明るく鮮やかな色が、似合います。

ただ、顔にそのまま高彩度色をのせると、アイメイクのワンポイントとしては素敵ですが、けばけばしく見えたり、色だけが目立つことになります。

肌の質感＝透明感やツヤ感を生かすメイクがおすすめです。

FOUNDATION
EYE SHADOW
CHEEK
LIP

foundation
春タイプの肌はイエローベースなのでオークル系を中心に実際の肌に馴染む色を選んでください。肌のツヤ感が生き生きとなるベースづくりがよいでしょう。

明るいオークル系　オークル系

eye shadow
チークで顔の印象は違って見えます。春タイプはオレンジ系やサーモンピンクなど、イエローベースの明るい黄みのある色が肌に馴染みます。頬骨の高い位置から、丸くぼかすと可愛いでしょう。

シェルピンク　アプリコット　シーグリーン
ターコイズ　パンジー　ウォルナットブラウン

cheek
ベースカラーに、アイボリーやコーラルピンクなどの高明度、低彩度の色をアイホール全体にいれ、アクセントカラーをグリーンやターコイズブルーにすると、若々しさを表現できます。

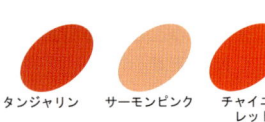

タンジャリン　サーモンピンク　チャイニーズレッド

RIP
リップも、やはり黄みを感じさせる色を選びましょう。ピンク系のコーラルピンクは肌を白く見せ、オレンジはツヤをアップさせ元気なイメージになります。

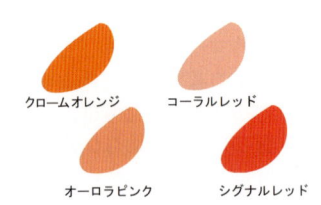

クロームオレンジ　コーラルレッド
オーロラピンク　シグナルレッド

coordinate

technique

アイシャドーは、シェルピンクを全体にぼかし、目の際に厚めに入れたり、目尻にポイントとしてターコイズブルーやパンジーなどをメイクすると、少しシャープさが加わった、華やかなイメージになります。また、リップはコーラルなどヌード系で引き、グロスをたっぷり塗ってツヤを出すと、SPRINGらしい艶やかさを表現できるでしょう。

アイシャドーは、黄みのあるライトベージュをアイホール全体にぼかし、アプリコットで華やかさを出したり、フレッシュグリーンを目の際に入れることで、若々しさやカジュアルさなどの健康的なイメージも表現できます。

make-up-point

ファンデーションは、素肌に合わせ、コントロールカラーやコンシーラで顔の中心となる部分を明るく見せましょう。パウダーにツヤ感があり、ラメなど含まれているものもよく似合います。アイシャドーは、鮮やかな色をポイントに少量取り入れたり、パーリーなもので目元を生き生きと輝かせます。リップは、グロスや細かなラメ入りのもので、口元に濡れたようなツヤ感を出します。みずみずしさや透明感がSPRINGらしさを引き立てます。

hair color

ライト系のイエローブラウンが似合います。コントラスト感のあるライト系のイエローブラウンも似合います。コントラスト感のある方は、髪色が黒でも無理に染める必要はないでしょう。白髪の場合は、できればカバーしたほうがよいでしょう。

キャラメルブラウン　　ライトブラウン　　ハニー

hair manicure

オレンジ　アプリコット　イエロー

Makeup Color

Makeup Color

Summer

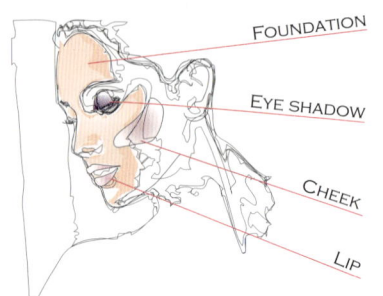

FOUNDATION
EYE SHADOW
CHEEK
LIP

SUMMERタイプは、ソフトでエレガントなイメージです。ブルーベースの涼やかで澄んだパステルカラーや、パウダリーな穏やかな色がお似合いになります。似合う色をそのままメイクに生かせるタイプです。同系色のグラデーションでまとめたり、ワードローブの色とコーディネートすると統一感が出ます。質感はマットかセミマットがよいでしょう。

foundation
SUMMERタイプの肌は、ブルーベースなので、ピンク系が似合いますが、黄みのある方もいらっしゃいます。肌の色は人それぞれなので、肌に馴染む色を選んでください。

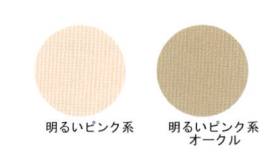

明るいピンク系　明るいピンク系オークル

eye shadow
ベースカラーに、薄いピンク系をアイホール全体に入れ、パープルを濃淡でグラデーションにするとエレガントにまとまり、グレイで目の際を引き締めると、クールな大人っぽさを演出できます。

パステルピンク　ベビーブルー　アイスグリーン
ココアブラウン　ライラック　アジュールグレイ

cheek
ピンク系のチークを頬にのせると、ブルーベースの肌にしっくり馴染みます。また、モーヴ系を頬骨に沿ってシャープに入れると、大人っぽくなります。

オペラモーヴ　ベビーピンク　オールドローズ

RIP
リップも、ピンク系はよく似合います。淡い色から比較的彩度の高い色まで、TPOに合わせて選ぶとよいでしょう。

オペラモーヴ　ローズレッド
ペールピンク　ストロベリー

coordinate

technique

　アイホール全体に、パステルピンクをぼかし、ベビーブルーやライラックを徐々に濃い目のグラデーションにすると、SUMMERタイプらしいエレガントさを表現できます。
　チークとリップを同系色にすると、まとまりが出るでしょう。

　まぶた全体に、薄いピンクをぼかします。明るいグレイを、2〜3ミリ程度入れ、アイスグリーンをポイント目の際に。チークはダスティなピンク、リップを彩度の高いピンクで合わせると、クールな華やかさを演出できます。

make-up-point
　お肌に赤みのある方は、イエロー系の下地で補正するとよいでしょう。くすみがある場合は、パープル系もおすすめですが、塗り方によっては逆効果になることもあるので注意が必要です。清色が似合う方は清色を、濁色が似合う方は濁色を選択し、イメージを統一するとまとまりやすいでしょう。

hair color
　ソフトな色みのピンク系ブラウンを選びましょう。アッシュ系もよく似合います。イエロー、オレンジ系は避けたほうがよいでしょう。ブラウンならココアブラウン、色白の方ならピンク系が綺麗です。白髪もお似合いになるので、無理に染めなくてもよいでしょう。

アッシュブラウン　ココアブラウン　ローズブラウン

hair manicure

オーキッド　パステルブルー　ラベンダー

Makeup Color

Makeup Color

Autumn

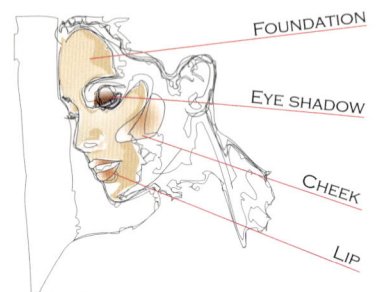

AUTUMNタイプは、シックでゴージャスなイメージです。深みがあり、落ち着きと強さのある色が似合います。

秋らしい色で、ナチュラルなブラウン系の色をどんどん重ねて濁りをだしても似合います。

ゴージャスな雰囲気もお持ちなので、とてもメイク映えのするタイプといえるでしょう。

foundation
AUTUMNタイプの肌は、イエローベースで、一般に陶器肌といわれます。オークル系を中心に、やはり実際の肌に馴染み、違和感のない色を選びましょう。

明るいオークル系　暗いオークル系

eye shadow
深みのある色は、お手の物です。ベースカラーにライトベージュをぼかし、ブラウンをグラデーションで入れたり、パープルやブルーを重ねて混色してもよいでしょう。

ベージュ　亜麻色　ジェイドグリーン
サックスブルー　スートブラウン　レーズン

cheek
イエローベースで、マットな肌タイプなので、黄みのある色は肌に馴染みます。テラコッタでミラノマダム風の日焼けした雰囲気も素敵に演出できるでしょう。

ポンペイアレッド　シュリンプピンク　テラコッタ

RIP
リップは、マットタイプが似合います。ゴージャスなイメージもお持ちなので、パーリーなもの、高彩度で中〜低明度の赤〜橙も使いこなせます。

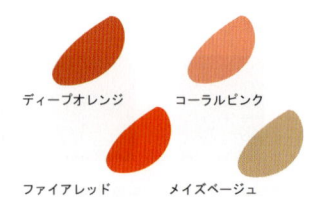

ディープオレンジ　コーラルピンク
ファイアレッド　メイズベージュ

coordinate

technique

全体的に高彩度同士の配色です。
補色のグリーンとパープルを合わせて、それぞれの色を際立たせましょう。リップは、TPOに応じてファイアレッドのような強い色にすると華やかでドラマティックになります。メイズのようなヌード系で、落ち着いた知的さを演出できます。

アイシャドーは、黄みのあるグレイッシュベージュを、アイホール全体にぼかし、茶系をグラデーションで入れ、目尻や下瞼にサックスブルーをポイントに入れると、シックでナチュラルな雰囲気になります。

make-up-point

メイクで彩度の高い色同士の組み合わせは難しいですが、AUTUMNタイプは、うまく使いこなせ、顔に馴染んでくれます。色を重ねると、濁りが出てきますが、その独特な濁りが似合います。強さも兼ね備えているので、アイラインを強調したり、付けまつ毛なども似合います。

hair color

ミディアムカラーのオレンジや、イエロー系のブラウンが似合います。白髪はできれば染めたほうがよいのですが、苦手な方は、髪の毛や地肌に優しいヘアマニキュアもおすすめです。グリーン系は、光が当たるときれいですが、黒髪に染めるとやや暗くなるため、ライトブラウンと混合して使いましょう。

hair manicure

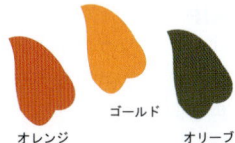

コーヒー　マットブラウン　オリーブ

オレンジ　ゴールド　オリーブ

Makeup Color

Winter

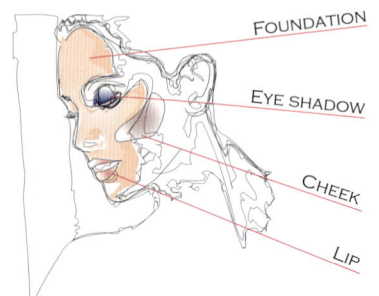

WINTERタイプは、シャープでモダンなイメージです。強さのある鮮やかな色が似合います。しかし、彩度のある色はメイクでは派手すぎる場合があります。低彩度の色をベースに、高彩度色はアクセントに使用たり、またはリップで使うとよいでしょう。基本的に清色がお似合いです。

また、アイラインやアイラッシュで、立体的に仕上げて凛とした美しさを表現しましょう。

FOUNDATION
EYE SHADOW
CHEEK
LIP

foundation
WINTERタイプは、クールなブルーベースが基本ですが、ファンデーションは実際に肌で試してみて選択しましょう。

明るいピンク系　ピンク系オークル

eye shadow
ベースカラーは、低彩度色を選び、モノトーンのグレイやブラックをポイントにするとモダンな印象になります。アイライン、アイラッシュ、付けまつ毛などでモードっぽく仕上げても、格好いいでしょう。

パールホワイト　シュブリームブルー　ペールブルー
スティールグレー　ヴァイオレット　フーシャピンク

cheek
肌に合わせて、青みのある色を選びましょう。冬タイプの方はシャープなイメージです。頬骨の高い位置から斜め上に入れると、知的になりますが、堅い印象になるようなら、楕円形に淡い色をぼかしてみましょう。

ペールピンク　バーガンディ　ピアニーピンク

RIP
ペールピンクのたっぷりのグロスで艶やかな唇。高彩度色の華美な色も、低彩度色の深い色も似合います。

マゼンタ　ボルドー
ペールピンク　カーマインレッド

coordinate

technique

　パールホワイト〜ダークグレイのモノトーンのグラデーション配色で、モダンな目元を表現しましょう。チークとリップは、肌本来のツヤ感を高めるため、カラーレスで透明感のあるものを使用すると、アイシーな仕上がりとなり、似合います。カラーレスメイクの場合、肌はベースからしっかり仕上げて質感を大切にしてください。

　アイホールに低彩度色をぼかし、ペールブルーを、まぶたや目の下に入れます。目の際に高彩度色をアイラインのように引きます。色相によって印象を変えることができます。目元に高彩度色を使用したら、同系色をチークやリップにも使用してまとめましょう。

make-up-point
　眉の形も印象に大きく影響します。WINTERタイプは強さがあり、個性的なので、直線的で太さのある眉が似合います。メイクの色も洋服の色も、強さを演出するのか、それとも内面の落ち着きを演出するのかを選ぶのもよいですね。

hair color
　ダークカラーのレッド系ブラウンがおすすめです。色黒の方は、イエロー・オレンジ系は避けてください。肌にくすみが出てしまいます。明るすぎない色を選びましょう。白髪の場合、シルバー系なら素敵ですが、イエローがかっている場合は、暗目の色に染め直すのがおすすめです。

hair manicure

| モカブラウン | ノワール | ココア | サルビアブルー | ボルドー | パープル |

Makeup Color

Aura Color

オーラカラー　〜あなたのオーラの色は何色？〜

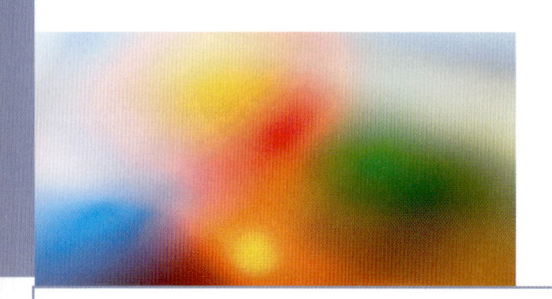

　最近よく耳にするようになった「オーラ」。
このオーラの正体とは一体何だと思いますか？

　実は、このオーラとは、私たち生きている人間の生体エネルギーで誰もが発しているものなのです。しかし、なかなかオーラを見ることはできないですよね？でも大丈夫。
　あなたのオーラの色は日常のあなたの性格や行動から分かります。

　ここで１つお話しておきたいことは、オーラの色に良い・悪いはありません。
　そしてオーラはとても奥深いので、これをきっかけに興味を持っていただければ嬉しいです。

　さて、ここでは主に７色を中心に紹介していきます。オーラの色は１人１色とは限らず、複数色の方もいます。
　今からご紹介するものにあてはまる箇所がある方は、あてはまるその色も持ちあわせている可能性があります。

　では、早速あなたのオーラが何色なのか診断してみましょう。

オーラ各色の診断チェックリスト

下記の項目のうち自分に思いあたる箇所をチェックしてください。
一番多くチェックが入った色があなたのオーラの色です。

- ☐ 仕事にやりがいを感じる
- ☐ 曲ったことは嫌い
- ☐ 頭に浮かんだアイデアは即行動
- ☐ バーゲンに燃える
- ☐ 自己アピール力がある
- ☐ 活気があるとよく人から言われる
- ☐ 燃えるような恋愛がしたい

上記のチェック数が多い人は、赤色のオーラの人です

- ☐ 体を動かすのが好き
- ☐ 友達は多いほうだ
- ☐ おっちょこちょいだ
- ☐ 飲み会ではよく幹事をする
- ☐ 買い物が大好き
- ☐ 人と話すのが好き
- ☐ よく笑う

上記のチェック数が多い人は、橙色のオーラの人です

Aura Color

- ☐ 休日はよく外出をする
- ☐ お笑い番組が好き
- ☐ 新しい物が出ると必ずチェックしたくなる
- ☐ 健康に気を配る
- ☐ 甘え上手なほうだ
- ☐ 急に旅行に行きたくなる
- ☐ スパイシィーな料理が好き

上記のチェック数が多い人は、黄色オーラの人です

- ☐ 今、何かを勉強中
- ☐ 人の機嫌の良し・悪しがすぐに分かる
- ☐ 頼まれごとが断れない
- ☐ 争いは嫌い
- ☐ 家庭的なほうだ
- ☐ 読書が好き
- ☐ 辛抱強い

上記のチェック数が多い人は、緑色オーラの人です

- ☐ 誠実なほうだ
- ☐ 几帳面で自分だけのこだわりがある
- ☐ 賭けごとはしない
- ☐ 美術館が好き

- ☐ 自分の意見をしっかり持っている
- ☐ 休日は静かな環境でゆっくりしたい
- ☐ 責任感が強いほうだ

🌈 上記のチェック数が多い人は、青色のオーラの人です

- ☐ ニュースをよくチェックする
- ☐ 勘が鋭い
- ☐ 手帳はぶ厚いほうだ
- ☐ 感受性が豊かだ
- ☐ 人間観察をよくする
- ☐ 事前のリサーチやルール作りが得意
- ☐ 他の人と同じは嫌

🌈 上記のチェック数が多い人は、紫色のオーラの人です

あなたのオーラの色は何色でしたか？

　今の結果がどんなオーラの色でも、オーラの色は一生そのままではありません。
　あなたが「○○の色になりたい！」と強く念じ、イメージすれば、あなたの望み通りのオーラの色に近付くことができます。

それでは各色の特徴を見ていきましょう。

Red　　　　赤色オーラの人

情熱に満ちイキイキとして、スタートダッシュが速い行動派タイプ。

あなたは何事にも一生懸命に取り組み、中途半端は許せません。どんな障害にもめげずに成功を目指し前進します。

行動範囲が広く存在感が大きいので、いつの間にかグループのリーダー的存在になっています。

そして、負けず嫌いで、曲ったことが大嫌いな正義感を持ちます。すばやい決断力を持ち、起業できる才能があります。

Orange　　橙色オーラの人

表情豊かで、陽気でインパクトのある自由人タイプ。

あなたは人気者です。話題豊富でおしゃべり大好きなあなたの周りには、自然に人が集まって来ます。

飲み会などの盛り上げ役ですが、人にへりくだらない高いプライドを持ちます。

そして、天性の華やかな社交性とチャレンジ精神で、何事にも左右されない自由な心で出世していきます。

初対面の人とでも人懐こい笑顔で、味方に引き入れる才能があります。

Yellow　　　黄色オーラの人

明るく愛嬌があり、明朗で知的な活動派タイプ。

あなたは冒険心豊かで、今よりもさらに輝きたい気持ちが強く未来へ向け希望を抱き行動します。社交術に優れ、決して人を不快にさせません。

無邪気なあなたは、男女問わず友人が多く、常に新しい情報を収集でき、知的活動を広げていく才能があります。

状況に流されやすい面もありますが、頭の回転が速く、人に教えるのが得意です。視野が広く、ものごとを客観的に見通す力があります。

Green　緑色オーラの人

　平和主義で協調性に優れ、人を包み込む癒しの力を持つタイプ。
　あなたは相手を理解しようとする優しく誠実な人で、安定感があり、よく人から相談事を持ちかけられます。優しさから「NO」といえないこともありますが、バランス感覚に優れ、自然体でいるので、それほどストレスを溜めこむこともありません。
　独自の世界観を大切にしているあなたは忍耐強く、興味のあることを見つけると、脇目もふらず没頭し結果を出す才能があります。

Blue　青色オーラの人

　真面目で責任感が強く、大人としての思慮分別を持つタイプ。
　あなたは礼儀正しく穏やかで、常に冷静な判断ができる人です。人との信頼関係を大切にして、海のように豊かな愛情を注ぎます。コミュニケーション力が高く、相手を傷つけることなく伝える才能があります。静かな環境を好み、自分のペースを誰にも邪魔されずに精神世界を大切にします。
　緻密な計算と分析力を持ち、どんな困難にも負けず成し遂げる芯の強さがあります。

Purple　紫色オーラの人

　聡明で思慮深く、想像力豊かで直感が鋭いタイプ。
　あなたは非常に繊細で、崇高な思考を持つ感性豊かな人です。そして鳥のように俯瞰して、ものごとを客観的に見渡すことができます。他の人にはない特殊な感性と、鋭い感受性で周囲の人から尊敬を集めます。ものごとを論理的に解釈し、準備のための努力は惜しみません。
　美的感覚と芸術的センスは天賦の才能を持っています。自分の世界観を信じ、突き進むと成功します。

Interior Color

色を楽しむ、色と暮らす。　〜インテリアに色を取り入れる方法〜

　色が、感情に影響する効果を上手く取り入れれば、目的に合った空間作りができます。

　海外では、まず引越しをした後にすぐにお気に入りの色で壁を塗ることから始まります。

　そんな光景をよく映画の一コマで見かけたことはありませんか？

　日本では一般的な賃貸マンションの壁の色はほとんどが白かオフホワイトばかりです。

　壁の色を付けることをためらう人が多いのですが、実は意外と簡単なのです。

　壁の一面だけを好きな色でペイントしたり、壁紙やデコレーションシールを貼ったりしてフォーカストポイントにする手法は、アクセントウォールとも呼ばれ、数年前から世界的に人気のインテリアテクニックです。

Interior Color

　特にペイントによる一面だけのアクセントウォールは、インテリアに色を取り入れる最初のステップとして、是非おすすめしたいものです。壁面全部をペイントするのに勇気がいるという人も、一面だけなら気軽に試すことができます。

　一度やってみると、その簡単さにきっと驚かされます。ローラーやバケツ、マスキングテープなどの道具と塗料が揃えばすぐにスタートでき、まずはマスキングテープで塗る面の周囲を養生したら、あとはローラーを転がすだけと非常に簡単です。

　6〜8畳程度の部屋の壁一面なら、作業時間は3時間ほど。1度目の塗りを乾かす時間は30分〜45分。2度目を塗って2時間ぐらいで完成です。

　塗料も、900mℓ（ミリリットル）入りの缶を2缶弱（5,000円から7,000円）使用する程度で、劇的に部屋の印象を変えることができるのです。ファブリックや家具を買い替えるより、早くて安上がりです。

　よく、賃貸マンションの場合はペイントは禁止されているのでは？と思われていて、躊躇される方が多いのですが、実際には退去時に現状復帰すれば基本的にはなんの問題もありませんし、2年以上住んでいると多くの場合は退去時に壁紙を張り替えますので、あまり気にする必要はないということです。

　また、費用面もとてつもなく高いのでは？などと聞かれることもありますが、ペンキは数千円で劇的な空間演出ができますので、使わない手はないですね。

　洋服を着替えるように空間も季節ごとに着替えてみてはいかがでしょう？

　自分で塗るのが不安な方は、ペイントをアシストしてくれるカラーワークス(www.colorworks.co.jp)に問い合わせると派遣もしてもらえます（有料・要問合せ）。

　自分の好きな色に囲まれて、居心地のいい空間演出を明日からでも始めてみませんか？

Interior Color

◆空間における色と感情

　色は感情に深く関わっています。どんな空間にしたいかは色で自由自在に変えられます。
　用途に応じて、色を効果的に使って変化させてみては？

●いつも明るくコミュニケーション豊かな空間にしたい
　部屋全体に暖かなぬくもりが満ち、ほっとした気分になる暖色系でまとめれば、会話もはずみ、いつも明るい気分でいられます。
　食欲増進の色でもあるオレンジ、イエロー系はダイニングやリビングに向く色といえます。

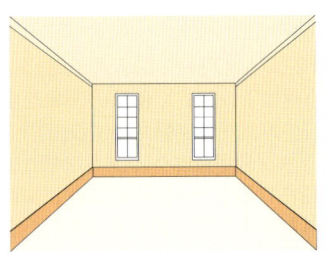

●集中力を高めたい
　仕事部屋や勉強部屋、書斎などは渋めの寒色系がおすすめです。寒色系の色には心を落ち着かせる効果があり、また時間の経過を早く感じさせてくれるので、作業がはかどり、1時間が50分ぐらいに感じられることもあります。

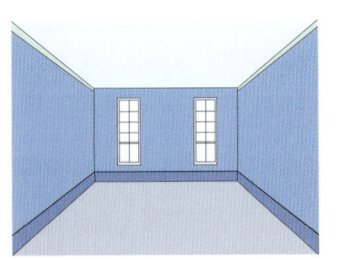

●部屋を広く見せたい

　暖色系は寒色系より近くに感じる「進出色」、寒色系は遠くに感じる「後退色」です。淡い色や明るい色は、実際より大きく感じる「膨張色」、濃い色や暗い色は、実際より小さく見える「収縮色」です。以上の特徴を踏まえ、部屋を広く見せたいときは、寒色系の淡くて明るい色が適していることが分かります。

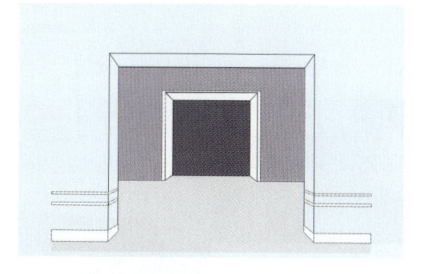

●癒しやリラックス効果のある空間にしたい

　リビングルームやベッドルームは、疲れを癒し、明日への英気を養う大切な空間です。やすらぎを感じさせる暖色系でも、心を落ち着かせる寒色系でも、どちらもリラックス効果はありますので、あまり鮮やかすぎたり、暗すぎたりしなければ、好きな色を選ばれるとよいでしょう。

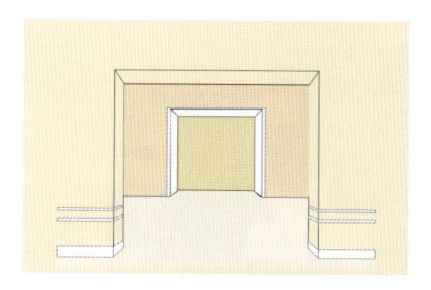

Interior Color

Interior Color

◆実際に色を取り入れてみましょう

部屋の色を変えた実例をご紹介。

case1

白い壁のリビング →

一面だけ青に。
部屋全体のイメージが
引きしまります。

壁紙を施工。
大人っぽく
シックなリビングに。

case2

白壁の一室 ⟶

一部をブラウンに塗っただけで、落ち着きのあるベッドルームに。
さらにオリーブイエローで四角く塗って、ベットヘッドのトロンプルイユ。

ほかにも・・・

壁の一部分に好きな色をペイントするだけで、まるで額縁のように、特別な空間が生まれます。

洗面所の壁を一面だけ塗り、おしゃれな一室に。

Interior Color

Interior Color

意外にも和室にマッチする壁紙。

こちらの模様も、和・洋両方にマッチしそうです。

階段に縦長に貼ることで高さと奥行きを。

こちらは階段の壁一面に。おしゃれ度が格段にアップ。

オレンジ色のリビング
・ダイニング。
食欲と会話を促進し
家族で楽しい時間を。

ブルーの廊下で清潔感と落ち着きを。
さらに、淡いブルーは前述のとおり
広さと奥行きをもたらします。

子供部屋にもペイントを。例えばブルーの部屋は、子供の新陳代謝を
促して生命力を育み、しかもリラックス感を与えます。

Interior Color

Color for Sales promotion

～企業のプロモーション活動における
　　　　　　　　　　　カラーの役割～

　企業は自社の製品を「どうすれば買っていただけるか？」を常に考えています。買っていただくためには、良い製品を作るというのはもちろんですが、まずは商品の存在を知っていただかなければなりません。
　また、正確に商品の魅力を伝えることも重要です。これらが企業における「プロモーション」、すなわち買っていただくための「コミュニケーション活動」です。

　コミュニケーション活動では、われわれが外界から受けとる全情報の87％以上を占めるといわれる視覚情報に注目し、色彩の持つ心理効果を巧みに使って、人々の購買意欲を掻き立てることが日常的に行われています。

　実例として、日本マクドナルド株式会社発売の「クォーターパウンダー」のプロモーション活動について見てみましょう。

これまでのマクドナルドに対するユーザーのイメージは、「価格は安いが味は他社のハンバーガーのほうがおいしい」というものでした。そこで、おいしさにこだわった新たな製品を市場に投入し、ブランドイメージの向上を図り新たな顧客を獲得する試みがおこなわれました。

 2008年8月に株式会社アイシェアが行った「ファーストフード利用率に関する意識調査」のアンケート結果をみると、「最もよく行く店を選ぶ理由は？」という問いに、「マクドナルド」に行く理由として「価格」と答えた割合が34.9％と最も多く、「味」を挙げた割合はわずか5.4％にすぎませんでした。それに対して「モスバーガー」に行く理由としては、「味」を挙げた割合が69.0％と最も多く、「価格」はゼロという対照的な結果となっています。

ファーストフード利用率に関する意識調査

よく行く理由は何ですか？
最も大きな理由を一つお答えください。

- 価格
- 味
- 近いから
- メニューの量
- 簡単にすませられるから
- その他

マクドナルド (n=149): 34.9%　30.9%　5.4%　18.8%　0.7%　9.4%

モスバーガー (n=29): 69.0%　17.2%　3.4%　10.3%

株式会社アイシェア調べ

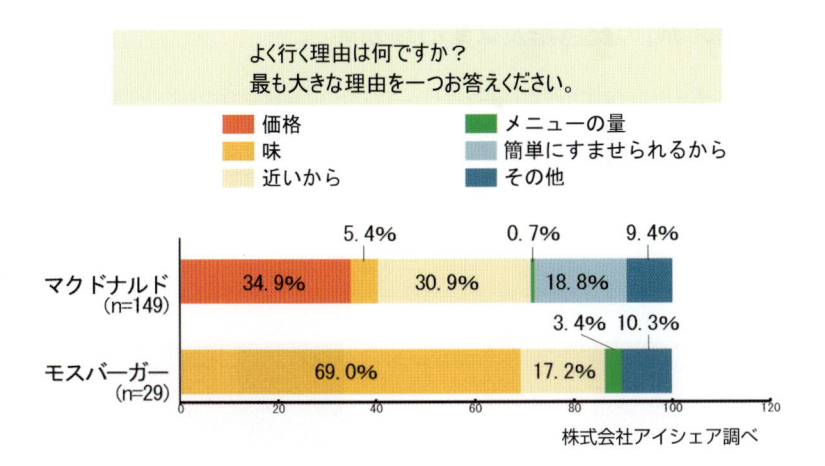

◆「クォーターパウンダー」の市場投入

　日本マクドナルドは、これまで他社のハンバーガーに流れていた「味を重視するこだわり派層」の獲得や、ターゲットとしてこなかった層の需要の創造を目指し、海外では既に発売されビックマックに並ぶ人気商品である「QUARTER　POUNDER(クォーターパウンダー)」を、別ブランドの新製品として2009年4月より全国で発売開始しました。

　黒地に大きく白の太ゴシック体で書かれた「ニッポンのハンバーガーよ　もう遊びは終わりだ」「ハンバーガーに常識はいらない」といった挑戦的なキャッチコピーが注目を集めました。これらの「攻撃性」を持つイメージは特に若い男性に好まれることから、ターゲットはM1層であることが推測できます。

※M1層(20歳～34歳 男性)

「黒×赤」の配色が及ぼす心理効果

　マクドナルドのコーポレートカラーはビビッドトーンの「赤」と「黄」の配色ですが、「クォーターパウンダー」のイメージカラーは「黒」とビビッドトーンの「赤」を組み合わせた配色が採用されました。この配色を広告からディスプレイ、店内内装、スタッフのユニフォームにいたるまで全て統一して使用することにより、一貫したイメージ価値を保つことに成功しています。

マクドナルド
コーポレートカラー

クォーターパウンダー
イメージカラー

■クォーターパウンダー期間限定ショップ(表参道)

「黒×赤」の配色が消費者に与える心理効果とは?

●インパクト

　「黒×赤」の配色で思い浮かぶのが、1986年と2004年に起こった「激辛ブーム」です。当時発売されていた食品のパッケージに危険なほどの辛さのイメージや、強いインパクトを狙って好んで使われた配色です。

　暗闇の恐怖をイメージさせる「黒」と、炎や血を連想させる「赤」の刺激的な組み合わせが、挑戦的なキャッチコピーとの相乗効果で人々を激情に掻き立てています。脳を興奮状態にすることで、プロモーションの商品に対しても「欲しい」と反応しやすくなる心理傾向を巧みに使っているといえるでしょう。

●誘目性

　黒地に白文字の大きな明度差による高い視認性と、誘目性の高い高彩度の「赤」の組み合わせで人々の注意を引き付けています。

Color for Sales promotion

Color for Sales promotion

　また、近年の新生児の発達研究によって、赤ちゃんも「黒・白・赤」の配色の視覚的刺激に最も反応することが知られています。

●イメージの差別化
　長年食業界では、食欲を喚起する色として「赤・橙・黄」などの暖色系の色が好まれており、食欲の増進に直結しない黒が使われることは稀でした。
　一方、ファッション業界では、高級感や上質なイメージを表現しやすい色として黒を多用してきました。プロモーションに黒を用いることで都会的なファッション性を感じさせるとともに、イメージが同質化していた従来のファーストフード業界にあって常識を破る意外性のある配色を打ち出すことで、競合店とは一線を画す新鮮な「驚き」を与えることに成功しています。

「量」より「味」が人気に

　日本マクドナルド株式会社がブログメディア「Ameba」内で公開していた「クォーターパウンダーニュース」編集部が2009年3月に行った「ファストフードに関する意識調査」(10代～50代の男女400人)によると、半数以上の51.9%がマクドナルドのハンバーガーの中で「クォーターパウンダー」が好きと回答したとのことです。
　また、好きな理由として、ビックマックに対して48.9%が「量」を挙げたのに対し、クォーターパウンダーには54.25%が「味」が好きと答えています。
　このアンケートの結果から、「量」より「味」が消費者に支持されたことが伺えます。
　当初の目標であるマクドナルド対する「価格は安いが味は他社のハンバーガーのほうがおいしい」という消費者の根強いイメージの転換を果たしたことで、クォーターパウンダーのプロモーションは成功したといえるでしょう。

◆「日本バラ色計画」キャンペーン

　日本を元気に明るく、というコンセプトのもと2009年6月から7月まで行われたキャンペーンです。以前のプロモーションで使われた攻撃的なキャッチコピーは「BIG MOUTH!」や「DON'T READ AIR」などのマイルドな表現に抑えられています。また、若い女性に共通して好まれる「幸福感」を感じさせる「バラ色」というキーワードや、具象的な花のアイコンの多用、若い女性に人気のモデルやタレント起用したオープニングイベントなどから、女性の購入率の向上を図ったものだといえるでしょう。ターゲットはＴ層からＦ１層であることが推測できます。
※Ｔ層（13歳〜19歳）　Ｆ１層（20歳〜34歳 女性）

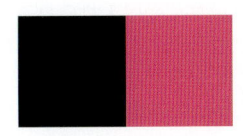

**日本バラ色計画
キャンペーンカラー**

■「日本バラ色計画」キャンペーン（渋谷）

Color for Sales promotion

Color for Sales promotion

イメージカラーは「黒×ピンク」

「日本バラ色計画」キャンペーンでは、期間限定でイメージカラーをこれまでの「黒×赤」から「黒×ピンク」に変更し、具象的なバラの花のアイコンをシンボルマークとして使用しました。マクドナルド渋谷センター街店、マクドナルド御堂筋周防町店の2店舗では、Tシャツショップ「BARA-IRO T-SHIRT SHOP」を期間限定でオープンしました。

「黒×ピンク」の配色が消費者に与える心理効果とは?

●女性的魅力
ピンクは女性に生理的に抵抗なく受け入れられるカラーです。生命感に満ちた暖かい世界を感じさせる「ピンク」と神秘的な「黒」を組み合わせることにより、淡いトーンのピンクが持つ「穏やかさ」「優しさ」のイメージを超えて「成熟」「SEXY」といった本能的に女性的な魅力を感じさせます。

●ファッション性
食業界で一般的に使われている「ソフトトーンのピンク」ではなく、インテリア・雑貨ブランドの「Francfranc」や女性向け下着通販ブランドの「PEACH JOHN」などで目にする彩度の高い「ブライトトーンのピンク」と「黒」の配色です。これらの異業種のブランドの特徴的な配色を用いることで、消費者がすでに刷り込まれている都会的なファッション性を連想させることに成功しているといえるでしょう。

ここまで見てきた2つのプロモーションカラーの共通性に、皆さんはお気付きでしょうか?

● 近似色相のトーン違い

　どちらも、地色を黒一色にまとめて商品シリーズであることを明確にしています。また、クォーターパウンダーの「赤」はビビッドカラーの赤。日本バラ色計画の「ピンク」はブライトトーンの赤。どちらもマクドナルドのコーポレートカラーの「赤」に近似した色相のトーン違いなのです。
　そうすると、巷で噂されている「クォーターパウンダーデラックス」が発売された場合・・・プロモーションカラーは「ボルドー」（ダークトーンの赤）と「黒」の配色なのかもしれませんね。
　「熟成」を感じさせるボルドーは、上質なものを好む層に響くカラーなのです。
　1つのブランドの中で複数の商品展開を考える場合、近似色相で統一感を持たせつつ、トーンによる変化でバリエーションの広がりを見せる手法が非常に有効です。消費者に定番として根付かせたイメージを保ちつつ、商品の陳腐化を防ぎ、鮮度を維持することができるのです。

クォーターパウンダーイメージカラー
ビビッドトーン
カーマイン4R　4/14

日本バラ色計画キャンペーンカラー
ブライトトーン
ローズレッド 7.5RP 5/12

【仮想シミュレーション】
クォーターパウンダーデラックスキャンペーンカラー
ダークトーン
ボルドー　2.5R 2.5/3

Color for Sales promotion

Climatic Color

日本の風土別嗜好色　～日本列島好まれる色、嫌われる色～

　嗜好色が生まれ育った地域により異なることをご存知ですか？
日本列島は南北に長いため、北海道と沖縄では気候も風土もまったく異なりますが、それは実は太陽照射率の違いからきているものなのです。

　人はおおよそ、18歳までで視覚器官が養われるといわれており、その間に見てきた色で好みのカラーの傾向が決まってくるのです。
　例えば、太陽光が青味がかっている北の地方で生まれ育った人は、青いサングラスをかけてすべての色を見ているイメージとなり、太陽光が赤味を帯びている南の地方で生まれ育った人は、赤いサングラスをかけてすべての色を見ているイメージとなります。その結果、嗜好色が北は寒色系、南は暖色系になる傾向が強くなるのです（統計をとると、東日本が寒色圏、西日本が暖色圏となります）。

　また、嗜好色は海流の関係にも左右され、太平洋側は清色圏、日本海側は濁色圏となります。

Climatic Color

　これは日本海側は、常に暖流と寒流がぶつかりあう中で濃霧が生まれ、その空気中の水蒸気が光をくぐもらせて、全体的に色がグレイがかって見えているのが原因です。

・日本の嗜好色のエリアは、自然光の緯度差によって10エリア、さらに湿度の東西差を加えると15エリアに分類されます。

・暖色と寒色の境界線は日本アルプス付近で、高峰が衝立効果を表します。

・清色と濁色の境界線は列島を貫く山脈ラインで、主に海流による東西日本の湿度の分岐点と重なります。

・緯度差で自然光の大気圏での染まり方が異なるため、南から北へかけて日本列島は虹の七色に彩られています。

・このように嗜好色に清色と濁色の両方があるのは、世界の中でも日本とフランスだけとなります。

・太平洋側は、日本海側より日照時間が年間200時間長く、清色嗜好が主体です。夏場は日本海側でも清色嗜好が主体となります。

・日照時間が特に短い秋冬の季節には、日本海側では同じ色相でも濁色嗜好が顕著になります。

Climatic Color

・前述のとおり、アルプス山脈は寒色嗜好と暖色嗜好を分ける境界線になります。長野北部まで関東の嗜好色が及びます。

・長野南部は南アルプスの西斜面にあるために、中部嗜好色が混在します。

・緯度による風土色の出現に加えて、3000メートル級の日本アルプス山脈が朝日に映える地域と夕陽に映える地域を振り分け、風土嗜好を劇的に変化させます。

・関東では茨城県霞ケ浦(北緯36度ライン)を越えると、自然光が青味を帯び始め、さらに猪苗代湖(36度30分)を超えた福島市から、グリーンライトに移行します。
　関東で好まれるグリーンは黄緑系、東北で好まれるのはエメラルド系のグリーンです。

・北海道は青紫ライン。道東部が濁色嗜好圏になり、逆に道南部が清色嗜好圏になります。海流と濃霧の影響で、特に冬場の網走・釧路・根室地方に濁色系の嗜好が見られます。

・このように地域による嗜好色の違いをふまえて、地方のデパート(特に婦人服)はマーケティング戦略を練るのです。

(例)
東北、特に仙台ではグリーン(特にエメラルドグリーン)がよく売れますが、東京では、それほど売れないため、あまり目にしません(もちろん流行などで多少、左右されますが)。また、九州では黄色や茶色系、東京ではクール系のベーシックカラー(薄いベージュ、薄いグレイ、ネイビーなど)、日本海側では微妙なグレイのバリエーションが充実しています。

日本の地域別嗜好色

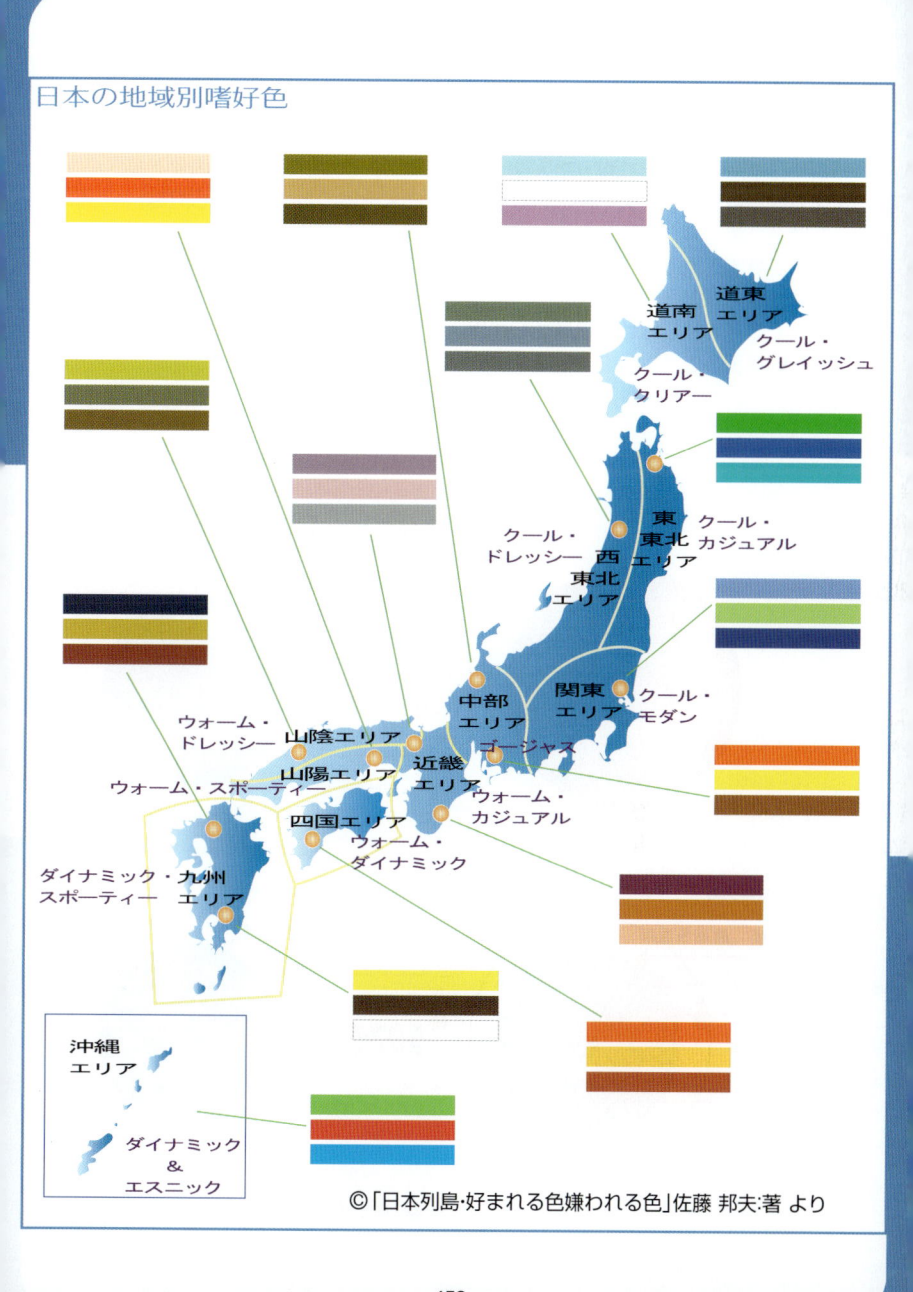

- 道東エリア　クール・グレイッシュ
- 道南エリア　クール・クリアー
- 東北東エリア　クール・カジュアル
- 西東北エリア　クール・ドレッシー
- 関東エリア　クール・モダン
- 中部エリア　ゴージャス
- 近畿エリア　ウォーム・カジュアル
- 山陰エリア　ウォーム・ドレッシー
- 山陽エリア　ウォーム・スポーティ
- 四国エリア　ウォーム・ダイナミック
- 九州エリア　ダイナミック・スポーティー
- 沖縄エリア　ダイナミック＆エスニック

©「日本列島・好まれる色嫌われる色」佐藤 邦夫:著 より

Climatic Color

Climatic Color

　日本海側で生まれ育った人は、太平洋側の人よりグレイの色の差を見分ける目が優れているといわれており、およそ他の地域では見られないほど、微差のグレイ系の色展開が充実しています。
　これまで見てきたとおり、日本は南北に長いため、北海道と沖縄とでは太陽光線の届き方が異なり、光の見え方も異なります。
　では、なぜこの色彩の見え方が異なるのか、今から図とともに解説していきましょう。

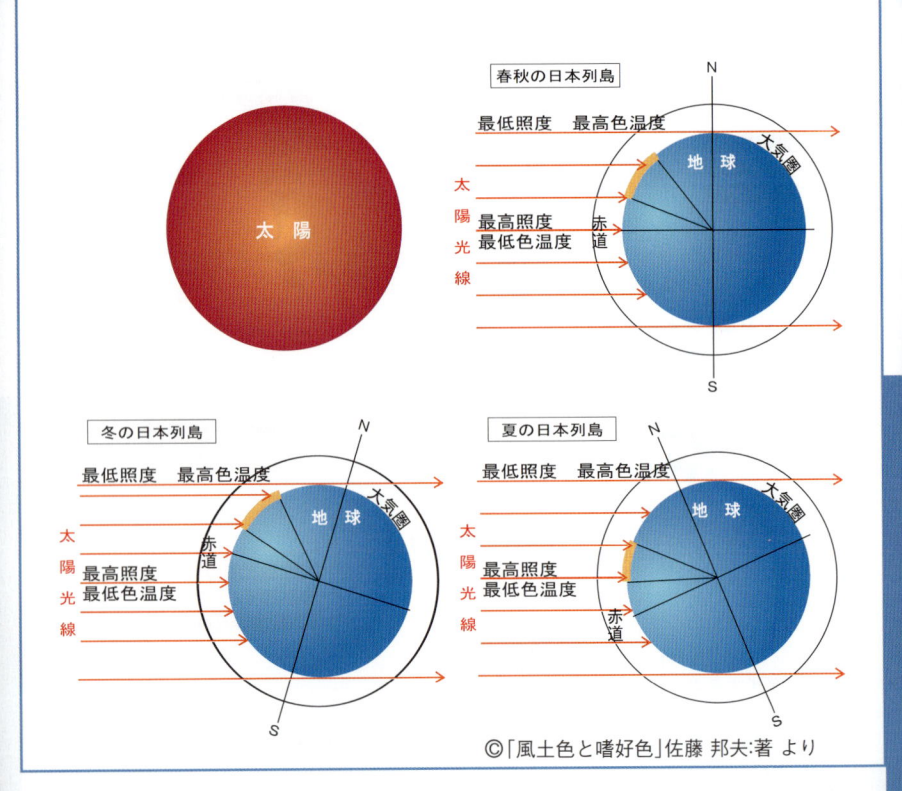

太陽

春秋の日本列島
最低照度　最高色温度
太陽光線
最高照度
最低色温度
大気圏
地球
赤道

冬の日本列島
最低照度　最高色温度
太陽光線
最高照度
最低色温度
赤道
大気圏
地球

夏の日本列島
最低照度　最高色温度
太陽光線
最高照度
最低色温度
赤道
大気圏
地球

©「風土色と嗜好色」佐藤 邦夫:著 より

■緯度差で色彩の見え方が異なる原因

　地球を照らす太陽光線は、平行状態に近いため、球面に届く光の特性は一様ではありません。日本列島は、微妙な緯度帯(24〜25度)にあるので四季の光が変化しやすいのです。
　日本の南北端の照度差は2万ルクスといわれ、大気圏を抜け地表に届く太陽光は高緯度ほど長く空気粒子に衝突して、波長の短い紫・青紫・青の光が散乱します。
　そのため、高緯度ほど大気がブルーに染まり、地上の環境色が青味を帯びて見えるのです。
　これに対し、低緯度ほど太陽光が壊れずに直射しやすく、環境色が赤味を帯びて見えるのです。

・日本列島が浴びる自然光が、北緯24度から45度と同等になるのは春と秋だけです。

・冬場の北海道は、太陽が南回帰線まで下がるため、自然光が北緯72度の北極圏と同等になります。

・夏場の沖縄地方は、太陽が北回帰線に上るため、自然光が0.7度の熱帯圏と同等になります。

・太陽は、赤道を中心に回帰線が北緯23度27分まで移動します。そのため、日本列島全体が地球の表面に添って合計46度54分も南北に移動することになります。

・地域ごとの自然光で美しく見える色を見分けるには、春分や秋分の日から約30日後に北の天空光(ノース・スカイ・ライト)を照射角45度で照らした標準色を測定すると分かります。

・自然光の測定には、照度計で光の明るさを、色温度計で光の色相を測ります。

Colors in the world

世界の色　～国や地域の特徴は色に表れます～

－京都の色－看板の色の特徴

かつて1200年もの間、日本の首都として栄えた歴史の町、京都。
まずは日本の代表として、現在の京都の色彩事情を紹介します。

Colors in the world

「大きやかなる童女の、濃き衵(あこめ)、紫苑(しをん)の織物重ねて、赤朽葉(あかくちば)の羅(うすもの)の汗衫(かざみ)いといたうなれて…」(源氏物語—乙女)

蘇芳(すおう)、黄檗(きはだ)、浅黄(葱)(あさぎ)、萌黄(もえぎ)、檜皮(ひわだ)色など、京都では古くから貴族たちが自然の染料で染めた美しい着物を身にまとい、四季を彩っていました。

着物の色あわせを襲色目(かさねのいろめ)といい、春は「桜萌黄(さくらもえぎ)」、夏は「葵(あおい)」、秋は「朽葉(くちば)」、冬は「枯野(かれの)」といったように、季節ごとに数多くの色目が創り出されました。これは季節の変化を愛でる豊かな情感と高い美意識の表れといえます。

日本の四季は、京都に暮らす人々にわずかな色の違いを見分ける能力と優れた感性をはぐくみ、京都の町並みや伝統や文化として今日に継承されてきました。

平安建都から1200年余り、現在の京都でもその美意識を受け継ぐべく、様々な取り組みが行われています。

景観条例(新景観政策 2007年9月1日施行)
-概要-
「京都の優れた眺望景観を創生するとともに、これらを将来の世代に継承することを目的とする」(第1条)

〈高さ〉
　建築物の高さは 上限31メートル(基準は6段階で設定)
　主な幹線道路沿いは 15～25メートル(地域により異なる)
　世界遺産など38所を「視点場」に設定し、眺望を阻害しない高さ基準を設定

〈デザイン〉
　各地域の特性により、デザイン基準を細かく設定
　禁止色を数値表記し明確にする
〈屋外広告〉
　屋上看板、点滅式照明（ネオンなど）は全面禁止（撤去の猶予期間７年）
　表示できる高さや面積や形態の基準を設定

　地方、地域によってそれぞれの町の色彩には違いがありますが、中でも京都には独自の色彩が見られます。
　京都市はこれまでも景観条例により規制をすすめてきました。しかし、町家など伝統的な建物の減少や町並みにそぐわない建物の増加により歴史的景観が失われつつあります。歴史文化都市として、京都の風情ある町並みを保全し創出するために、新たな新景観政策が施行されました。

　政策施行当時の京都市の調査によると、四条河原町などの繁華街では８割を超える店舗看板が屋外広告物条例に違反していました。全国的な企業のコーポレートカラーであっても、基準とされる「けばけばしい色」に該当すれば認められません。京都に馴染む色に変更するか、屋外広告をすべて撤去するか、企業側も対応に苦慮しているようです。

　現在の京都に設置されている他の地域とは異なる看板を、ご紹介します。

メガバンク編

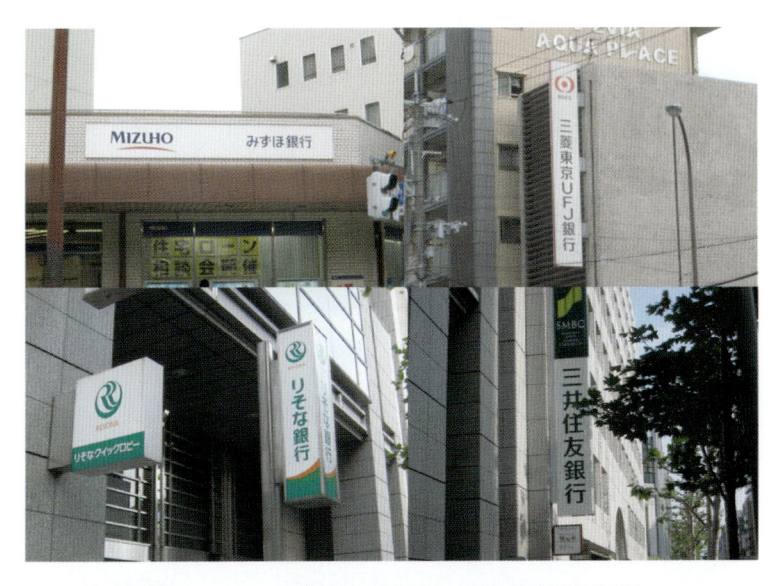

みずほ銀行‥‥‥‥‥青地に白文字が、白地に青文字に反転。
りそな銀行‥‥‥‥‥緑地に白文字が、白地に緑文字に反転。
東京三菱UFJ銀行…赤地に白文字が白地に黒文字に。
三井住友銀行‥‥‥‥白地に深い緑と黄緑を使用していることで、景観
　　　　　　　　　　上支障がないと認められたのか、他の地域と同じ
　　　　　　　　　　ものを使用。

Colors in the world

携帯電話編

au……………オレンジ地に白文字が、白地にオレンジ文字に反転。
docomo……前面白地に。他の地域では店名が書かれている側の1/3
程が赤地。
SoftBank…vodafone時代はイメージカラーが赤だったため、地色
と文字を反転させていたが、現在のSoftBankはシンプ
ルで景観を阻害する色使いがないため、他の地域と同じ
ものを使用。

ガソリンスタンド編

コスモ石油… 白で縁取りがされた看板を使用。
Shell ……… 屋根側面が、黄色地に赤のラインが引かれているところを、白地に赤で書かれた文字だけに。
ENEOS …… 屋根側面が赤とオレンジで全面塗られているところを、白地に。赤とオレンジは文字の部分と細いラインに。看板も白で縁取りされたものを使用。
IDEMITSU…屋根側面は大部分が赤地になっているところを、文字の辺りだけ赤を残して、その他は全て白地に。

Colors in the world

コンビニ編

7ELEVEN ………… この店舗では日本瓦の屋根で建物自体が和風であり、仁和寺の横にあることを配慮し、ロゴマークもラインも黒を使用。
LAWSON …………… こちらのローソンも黒を使用。八坂神社前にあり外観も和風にまとめられている。他の地域と同じ水色とピンクを使用している店舗もあるが、ラインはかなり細く白が基調になっている。
Daily YAMAZAKI … 赤と黄色が落ち着いた茶系に。

自動車販売店編

NISSAN… 赤地を白地に変え、赤の文字とラインに。
HONDA… 無彩色に赤い文字とシルバーのロゴマークは眺望を阻害することはないのか、他の地域と同じものを使用。

Colors in the world

外食チェーン編

なか卵 ………… 白地に赤文字というように反転。
松屋 …………… 全面黄色地のところを、白地にして黄色は少量の使用。
すき家 ………… 赤地のところを、白地にして赤のラインに変更。
CoCo壱番屋 … 黄色の色味が抑えられ落ち着いた雰囲気に。
餃子の王将 ….. 赤地に白文字が白地に赤文字というように反転。

ファーストフード編

マクドナルドナルド… 赤地が茶色やこげ茶に変更。
　　　　　　　　　（世界中に展開するマクドナルドであっても、
　　　　　　　　　もちろん例外は認められません。）
モスバーガー………… 緑地の白文字が、白地の緑文字に反転。

Colors in the world

　ここで、ご紹介した看板は一部であり、京都市内でも地域により規制が異なるので、ほかにも様々な色合いの看板があります。
　また、歴史的風土の保存のためには古都保存法という措置法もあり、これは京都市だけでなく奈良市や鎌倉市などでも設けられており、京都市以外にもこのような背景との調和を気遣った建物や看板が見られます。

　現在の京都の看板を見てみると、どの企業や店舗も全体的に、地色を白に変えたり、または白の分量を増やしたりと、白を基調としたものが目立ちます。これは京都市側が白を推奨しており、周囲の建物との調和を第一に考えると、白を多く使うことがよいとの理由からでしょう。
　しかし、このまま白ばかりが増えてしまうと、色彩の感じられない味気ない街並みになってしまうのではないかという不安も出てくるように思われます。これでは企業や店舗のオリジナリティが失われますし、どこも似たようなあまり区別のつかないものになって、機能を果たしません。建物には風土色が使われたり、和風のデザインを取り入れて街並みに調和させたりしていますが、看板は目立たせることも必要なので難しいところです。

　京都の街の色や景観を研究する民間団体もあり、そこでは規制を行うだけではなく、もう一歩進めて、「京都の街らしい色」を創ろうと考えられているようです。団体や専門家を中心に京都の住民や企業も町づくりに参加をすることで、京都に関わる人たちにより、身近に感じられる「京都の色」ができることになります。そうすれば、色彩の選択肢も増え、街並みと調和させながら、建物や看板などの個性も活かせそうです。

こうして、古くから伝統や文化と共に受け継がれてきた街並みの色彩に現代の要素が織り交ぜられ、これからの京都にふさわしい色が新たに創り出されていくことでしょう。

　色彩の規制、屋外看板撤去、ネオンの禁止など、旧基準の広告撤去の猶予期間は2014年までです。その頃、京都の景観は今とどのように変わっているでしょうか。歴史文化都市として世界に誇れる色彩豊かな街並みになることを願います。

Colors in the world

－海外の色－環境色彩の特徴
ここからは世界の色彩事情をお伝えします。

case1

Shanghai 上海

ニューヨークの摩天楼にも匹敵する超高層ビルが林立する中、セピア色の写真にもよく似合う不思議な街並み。かつての保守的な中国の中で唯一西洋文化を取り入れた世界の酒場、今も眠らない交易の地、上海。

SHANGHAI

175

Colors in the world

Colors in the world

SHANGHAI

　新しくできたビル群と、古くからの民家の色彩差がここまで顕著に出る国も珍しいのではないでしょうか。

　近年の発展により、空を見上げると次々と近代的なビルが建設されており、まさに鉄骨とコンクリートジャングルになりつつあるのですが、足元には昔ながらの風化した民家が所狭しと立ち並んでおり、まさに上海の経済は二極化の一途をたどっているのが目に見えて現れています。

　さらに、黄砂の影響で民家の色はグレイッシュに彩られていて、元の色が判別できないところも珍しくないくらいです。

前ページ写真1・2：
最新の高層ビルと弾丸列車（上海版新幹線）の駅。
ほとんどがグレイとシルバーの色のみが使われており、これら最新の建築物はほとんど無機質な趣となります。

前ページ写真3・4：
しかし、高層ビルの足元にはいまだに瓦礫が散在していたり、昔ながらの古い街並みが色濃く残っています。

SHANGHAI

前々ページ写真5・6：
上海の集合住宅で多く見られるのが、このすすけたピンク。
ほとんどが同系色の濃淡の2色使いとなっています。

前々ページ写真7・8：
中心街へ出るとこのような鮮やかなレッド、ブルー、イエローの看板が目立ちます。

前々ページ写真9・10：
こちらは古き良き建築物を残した豫園(よえん―明代の庭園)。渋みのあるレッドと屋根はモスグリーンが風化し、すすけた黒色のように見えます。ここでもアクセントカラーである提灯のレッドとイエローが映えています。

前々ページ写真11・12：
一般的な市民の利用する店舗。
やはりここでも同じく、レッド、ブルー、イエローは必ず使われているカラーです。
黄砂の濁った空気の中でも比較的目立つカラーですので、看板に多用されているようです。

Colors in the world

Colors in the world

SHANGHAI

前ページ写真1·2：
高級なホテルはやはり、落ち着いたトーン。やわらかな色やライトな色が中心となります。
よくファブリックで見られるのは、ビロード素材の淡いパープルやブルーグレイです。

前ページ写真3·4：
そして部屋にイエローやオレンジのオブジェや茶器が置かれており、アクセントとなっています。
市内のタクシーはやわらかな色のオフホワイトとソフトトーンのグリーンのツートーンが一般的です。

前ページ写真5·6：
一方、最新の鉄道はやはりブルーベースのホワイトとブルーのツートーン配色であり、昔ながらのものはイエローベースの深いグリーンとイエローのツートーン配色となっています。やはりブルーベースは最新のイメージがあるようです。

Colors in the world

SHANGHAI

前々ページ写真7・8：
南京道路の夜のネオンはイエローベースとブルーベースが混在していて、香港ともタイとも違う色彩。
前述のとおり、やはりテレビ塔がいい例ですが、どうも新しいものに関しては、ブルーベースを使いたがる傾向にあるようです。

前々ページ写真9・10：
昼間のテレビ塔と夜のライトアップされたテレビ塔。
落ち着いたトーンの色調から、夜になるとネオンカラーに変わり、がらりと表情が変わります。

前々ページ写真11・12：
こちらは若者に人気のナイトクラブ"Rouge"のシャンデリア。
世界的にも、インテリア業界においてミッドセンチュリー風を現代的にアレンジしたこの手のシャンデリアは人気で、早速上海でも取り入れられたようです。現在日本のクラブやカフェでもよく見られ、ライティングはやはりブルーベース主体になります。

case2

Taiwan 台湾

中国の伝統色と南国の鮮やかな色が混ざりあいカラフルな街並み。この何十年かの間に日本が失ってしまった何かが存在する。レトロな日本と中国と南国の開放感がすべてミックスされた不思議な国、台湾。

Colors in the world

TAIWAN

TAIWAN

　台湾は、完全にイエローベースの国です。
　政府関係車以外、黒い車もほとんど見当たらず、カーキのトラックなどイエローベースカラーで統一されています。

前ページ写真1・2・3：
代表的なカラーは、レンガ色のレッドと風化したグリーンが目立ちます。
街全体は淡いピンクオレンジに彩られており、そこへ看板の黄色や赤が目立ちます。

前ページ写真4・5：
「千と千尋の神隠し」のモデルにもなったといわれる「九ふん」(台湾北部の山あいの町)は、赤の提灯が印象的です。

Colors in the world

TAIWAN

前々ページ写真6・7・8：
政府の建物は青の瓦と青天を表す太陽に施された紫が特徴的。

前々ページ写真9・10・11：
あとはいかにもイメージどおりな中華街で、目にするチャイニーズカラーです。
本土よりもオレンジの占める面積がやや大きいようです。

前々ページ写真12・13：
こちらは寺院での金色の使い方が特徴的です。
天界を表す場合、黄土色やオレンジに近いゴールドがふんだんに用いられるのです。

case3

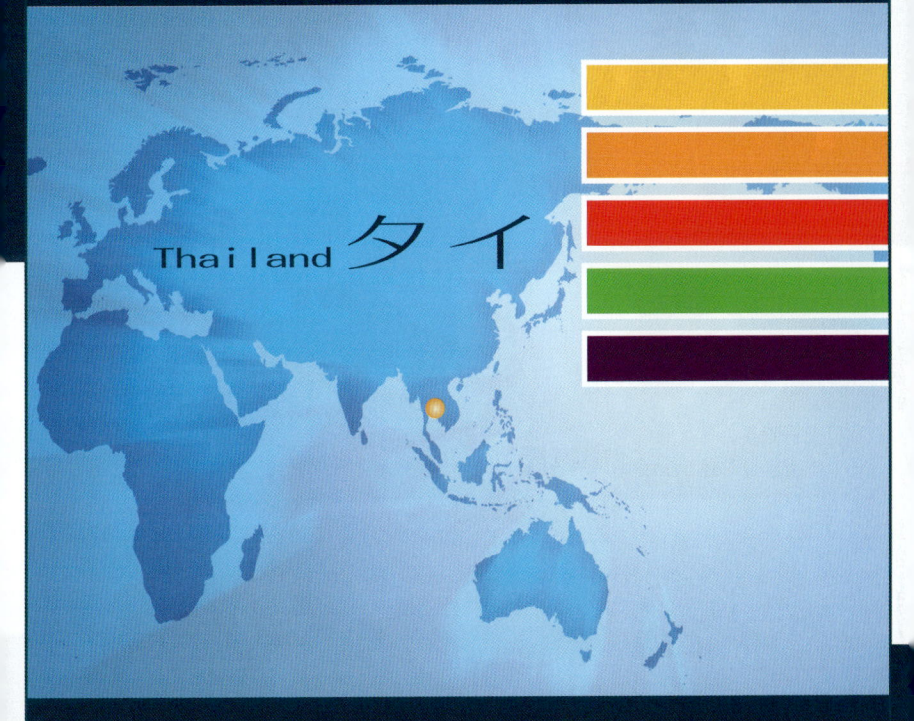

Thailand タイ

微笑みの国タイ。ビビッドカラーが溢れ、猥雑（わいざつ）としながらも人々はのどかでゆるやかで、やさしい。世界のマーケットでもあり、活気に溢れる。現代的なビルと伝統的な建物が混在し、夜も眠らない世界の繁華街、タイ。

Colors in the world

Colors in the world

THAILAND

街へ出ると、まさにビビッドカラーのオンパレード。
しかし、建築物のどれもがマッチしているのは、やはり全てがイエローベースだからです。タクシーにいたっては、全てがピンクやブルーやグリーンなどのネオンカラーで、反対に、一般車、中でも高級車は白やシルバーなどの無彩色。そうして差別化を図っているのです。

前ページ写真1・2・3・4：
まぶしい太陽光の中でオレンジ、グリーン、レッド、ブルー、イエロー、ゴールドがよく映えて美しく、イメージどおりの東南アジアンカラーであるといえます。

このような鮮やかな色（ビビッドカラー）は、映え方が太陽照射率と密接に関わっており、例えば、ペールブルーがほんのりかかったような太陽光である北欧では、濁って見えてしまい、また、くどく見えすぎるために好まれないようですが、反対に、タイのように黄色からオレンジのベールがかかったように見える太陽照射率の高い国では、美しく映えるので好まれます。

Colors in the world

THAILAND

前々ページ写真5・6・7・8：
道路だけ見てもまるで色の洪水。ここまでカラフルな道路は世界中でバンコクくらいなのではないでしょうか。

前々ページ写真9・10：
夜のネオンも独特の色使い。バンコクの夜は眠りません。
看板はもっぱらイエローベース、ネオンライトはブルーベースが多く、色の混ざり具合がまた妖しく美しく夜の街を彩っています。

THAILAND

Colors in the world

Colors in the world

THAILAND

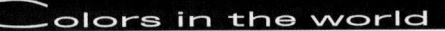

前ページ写真1・2・3・4：
比較的新しいデザイナーズホテル・Lebua at State Tower(ルブア・アット・ステート・タワー)は、多色使い(少しドバイのバージュ・アル・アラブを彷彿とさせる)と、もっぱらモロカンテイストを打ち出したいようですが、色を使いすぎて若干統一感がなく、五つ星ホテルにしては、安っぽく見えかねないのは否めないところです。

前ページ写真5・6・7・8：
比べて老舗の五つ星ホテル・Shangri-La Hotelは彩度を落とした、落ち着いた色調を好むようで、一歩外へ出たときの都会の喧騒が嘘のよう。高級感を出すために、淡いシャンパンゴールドを用い落ち着いたブラウンで引き締めています。全体として淡いオレンジピンクベージュが好まれるようです。

case4

Dubai ドバイ

"われわれに不可能なものは何もない"。桁違いのバブル景気を体現し続け、砂漠の上に水の都を創り上げた中東のオアシス。人工的でかつ、エキゾチックな街並み。アラブという名のテーマパークのような地、ドバイ。

Colors in the world

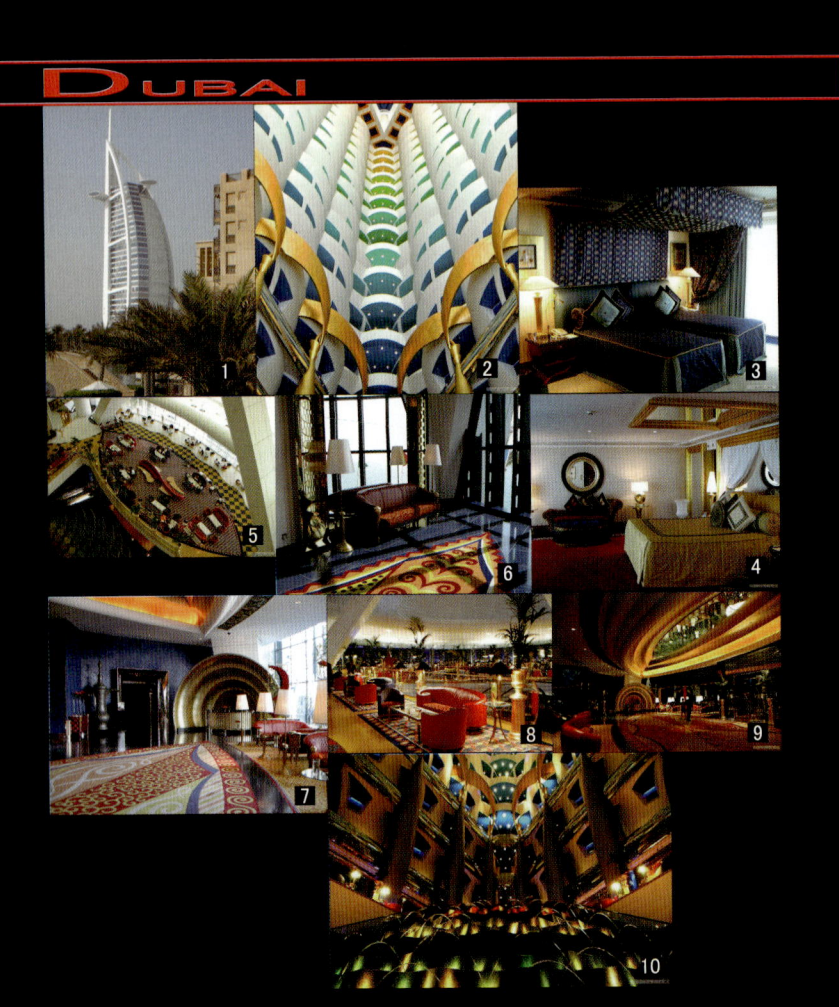

Colors in the world

DUBAI

DUBAI

　まず、ドバイといえば七つ星ホテルのBurj Al Arab(バージュ・アル・アラブ：通称アラブタワー)。
　正直、内装の色は文字どおり筆舌に尽くし難いといいましょうか、想像だにしなかった配色でした。
　中東諸国の人が好む色なのか、と現地の知人に尋ねても誰もが首を縦に振らなかった配色をまず、ご覧いただきましょう。

前ページ写真1・2：
なんと中はフロアー階から最上階まで吹き抜けになっており、ホテルの階層ごとに色分けされていて、見事なグラデーションになっています。

前ページ写真3・4：
そして、客室もこのとおり。青の部屋やゴールドの部屋と、シンプルな色使いの部屋は見られません。少し居ただけでも落ち着かず、連泊となるとちょっと考えてしまいます。

前ページ写真5・6・7・8：
エントランスとロビー。こちらもレッドとイエローとゴールドがまぶしい配色です。

前ページ写真9・10：
夜のライトアップのようす。一層ゴージャスにゴールドが輝きます。

Colors in the world

DUBAI

DUBAI

前ページ写真1・2：
こちらも客室のバスルーム。赤のベースが基調になります。(写真1)
右(写真2)はなぜかイタリアントリコロール配色のサロン。落ち着かない配色です。

前ページ写真3：
レストランの天井。まるでテーマパークの近未来ＳＦアトラクションさながらの配色と質感。

前ページ写真4・5：
レストランのトイレ。(写真4)
エントランスのモザイクタイル。(写真5)

　まず、総合して主として見られるのが、レッド、ブルー、グリーン、ターコイズブルー、イエロー、ブロンズ、ゴールド、シルバーといったところでしょうか。
　ここまで一箇所に多色の配色を施した内装はいまだかつて目にしたことがないので、色の組み合わせについてはどんな効果があるかなどを述べることにあまり意味があるとは思えない、そんな独特な色使いでした。

1つだけいえることは、もしも宿泊するのであれば、これらの色を見るだけで疲れてしまうことは間違いないでしょう。

 余談ですが、Burj Al Arabに宿泊するのは、最近ではもっぱら富裕層のロシア人と中国人だそうです。ヨーロピアン、中でも特にフランス人はBurj Al Arab はまず利用しないとのことです。オープン当初の騒ぎも収まると、配色に疲れたのか、リピーターはあまりいないとのことでした。いたとしても話題作りが好きなセレブのみだとか。

前々ページ写真6・7：
こちらは老舗のホテルThe Ritz-Carlton(ザ・リッツカールトン)のエントランスと客室。

前々ページ写真8・9：
やはり落ち着いたトーンの淡いピンクイエローの配色です。
インテリア雑誌などで、よく紹介されて注目が高いのはThe Ritz-Carlton や Park Hyatt Hotel(パーク・ハイアット・ホテル)などの老舗ホテルの内装です。

DUBAI

Colors in the world

DUBAI

前ページ写真1・2・3・4：
こちらはバージュ・アル・アラブと同じジュメイラグループのホテルAl Qasr(アル・カサール)の内装です。
やはりアラビアンナイトさながらの配色、デコレーションといったところでしょうか。
庭にはゴールドに輝く馬のオブジェがあり、ホテルの外壁は全てペールピーチピンクです。

前ページ写真5・6：
街はどんどん開発が進み、コンクリートグレーやホワイト、またドバイ独特のビルの色である、ソフトなイエローブラウンのビル群が立ち並びます。

前ページ写真7：
タクシーもイエローベースカラー。ソフトトーンにアクセントカラーのブルーが映えます。

前々ページ写真8・9：
街並みは全て人工的に作られたものであるので、質感はさながら街全体がテーマパークのよう。(写真はMina A'Salam・ミナサラーム)ここが昔、不毛の砂漠地帯だったことなどすっかり忘れてしまいます。
街には緑があふれ、ふんだんに水がオブジェとして用いられているくらいであり、まさに「不可能を可能にする都市、ドバイ」の名のとおりなのです。

　ただし、人工都市であるため、街の色彩としてはこれといって特色はなく、新しいコンクリートやシルバーのガラス張りのビルか、昔の街並みを再現した建物のわざとらしいオレンジベージュでしょう。(写真8)目に飛び込んでくるのは、青空と海のエメラルドブルー、街にあふれているパームツリーのグリーンといったところです。

Colors in the world

case5

Morocco モロッコ
Casablanca カサブランカ

アフリカ大陸に位置するイスラム国。独自の文化とフランス統治下の頃の洗練されたセンスとが混在するふしぎな街並み。南北でその様相は大きく異なる。砂嵐の喧噪の中、ロバにゆられて商人が行き交う、アラビアンナイトの世界さながらの景色がそのまま残る地、モロッコ。

Casablanca

Colors in the world

Colors in the world

CASABLANCA

前ページ写真1・2・3・4：
「カサ（家）ブランカ（白い）」とその名のとおり、街全体が白で統一されていますが、ほぼブルーベースのホワイトが風化し、イエローベースになっています。
真っ白な家は統治していたフランスの影響ですが、本来の伝統色は全てイエローベースです。

前ページ写真5・6・7・8：
アフリカ大陸一大きな、ハッサン２世モスク。
アイボリーピンクの壁にブルーグリーンとブルーとグリーン基調のモザイクの装飾が美しく映えます。

前ページ写真9・10：
映画「カサブランカ」の舞台となったカフェを再現したリックカフェ。
店内も白一色で、モザイクランプのガラスもクリアで、純粋にランプの色のみが外にもれ出ています。後述のマラケシュのモザイクランプの色使いとの違いが顕著に表れています。

前ページ写真11：
鉄道の駅まで白一色で統一されています。
後述のマラケシュの駅と比べると非常に違いが面白いですね。

Marrakesh マラケシュ

MARRAKESH

MARRAKESH

前ページ写真1・2・3・4：
カサブランカとは打って変わって、マラケシュの街並みは全体がピンクがかったブラウンで彩られています。
南下すると砂漠地帯に近づくため、やはり街全体が砂埃で、建物の色も全体的にくすんだ色になっています。
色とは直接関係ないのですが、一歩外に出ると湿度も温度も高く、むわっとした熱気とともに砂埃と車やバイクの排気ガスや食べ物のにおいや人々の話し声で、時間や方向感覚を失うような錯覚に陥るのです。そしてどこを向いても同じような色の建物ばかりで、まるで時空も越えた迷宮に迷い込んだような感覚になったのが、このマラケシュでした。
現地の人間は、同じ色の建物の中でも、部屋の番号と扉の色や形で自宅を判別しているそうですが、旅行者には困難な判別です。

前ページ写真5・6：
そんな街の喧騒も、リヤドに一歩入れば嘘のように静かで、ゆったりと時が流れているように感じられます。
ここはリヤドの中でもフランス人オーナーが全てインテリアやアメニティーをプロデュースした、Hotel d'Orange(オテル・ドランジュ)

前ページ写真7・8：
Hotel d'Orangeは、建物全体がアイボリーホワイトが基調でゴールドとブラウンがアクセントカラーとなっていて非常に落ち着いた配色です。

MARRAKESH

Colors in the world

MARRAKESH

前ページ写真1・2・3：
そしてなんといってもモロッコといえば、アンティークのモザイク装飾の家具ですが、色彩が実に美しいのです。よく見られるのは、ブルー、ピンク、ワインレッド、ブラウン、オレンジレッド等で、よく用いられるモチーフはモスクの塔の形と鍵穴です。

前ページ写真4：
マラケシュの駅。カサブランカとは対照的で非常に面白いです。
地域の特徴的な色がそのまま駅に反映されています。

前ページ写真5・6・7：
パブリックイメージのモロッコといえば、やはり白い壁に漏れた光が映えるランプ。
世界中でイメージされている、モロッコランプとはまさにこれらです。
カサブランカのランプとは違い、アイアンのカッティングにより、様々な柄の影が壁に映り込み、マゼンタやオレンジやイエローの光がちろちろとゆれ、まさしく幻想的な空間を彩っています。

case6

North Italy
北イタリア

街全体があたたかいレンガオレンジでつつまれ、古代ローマと中世イタリアが共存する魅力溢れる都市。まるで街全体が一枚の絵画のようで、中世にタイムスリップをしたような憧憬があふれる。美術館のような地、北イタリア。

Colors in the world

North Italy

NORTH ITALY

　北イタリアは、なんといっても街全体がレンガオレンジー色。街全体がイエローベースの暖色で落ち着いたトーンの色で統一されています。
　車の色、行きかう人々のファッションの色彩、空の色、海の色、全てが街の色彩と調和していて、全体でまるでひとつのアートのように北イタリアを彩っているのです。

前ページ写真1・2：
外壁の色もレンガオレンジ。アクセントカラーにグリーンが使われており、教会や雨戸が美しく映えます。

前ページ写真3・4：
一般的なカフェやバールは、ブラウン基調の落ち着いた色使い。
やはり表示等のアクセントカラーはオレンジ系で統一感があり、また街並みの色彩と店舗内のアクセントカラーが同じ色調で、驚かされます。

Colors in the world

NORTH ITALY

前々ページ写真5・6:
北イタリアの一般家屋は日本と同じ屋根瓦が使われており、湿度と雨に強くできており、ここでもレンガオレンジ色、一色になるのです。

前々ページ写真7・8:
石像やブロンズ像が街並みの色彩に美しく調和しています。
芸術をこよなく愛したといわれるメディチ家の色彩センスだったのでしょうか。

NorthItaly

NORTH ITALY

前ページ写真1・2：
レンガオレンジ色以外に使われている外壁の色は、サフランイエロー、オレンジ、ピンクなど、全てがイエローベースの暖色になります。

前ページ写真3・4：
唯一、サンマルコ教会はホワイトの石作りですが、年月を経て色あせし、モーブグレイになっていて周りと美しく調和しています。またゴールドのモザイクも空の色との調和が美しく映えます。

前ページ写真5・6：
ヴェネツィアでは、イエローベースの色彩の中で、ゴンドラのエナメルブラックが唯一のブルーベースとして美しく黒光りして目立ち、高貴な色のアクセントとなっています。

case7

France フランス

華やかな絶対王政、18世紀以来のフランス革命やナポレオン時代と、輝かしい栄光をもつフランス。古くからヨーロッパの中心的大国であり、今もなお芸術やファッションの世界的発信地として存在する。グレイッシュに煙る美しい街並みは、誇り高き悠久の歴史を今に伝える。

Colors in the world

Colors in the world

FRANCE

FRANCE

　世界的に芸術の都として有名な街、パリ。全体的にグレイに包まれたブルーベースの街です。なんとなく灰色がかった白色の壁に、グレイの屋根という配色の建物が多く、町全体で統一感があります。建物内も、同様に統一感のある、一見単色に見える配色が多く見られます。

前ページ写真1・2：
ラ・セーヌ(セーヌ川)の岸壁も白のコンクリートを使用、近代建築の建物もグレイッシュな配色で、ブルーベースを感じさせます。

　このように、単色配色で統一されているのがパリの美しい街並みの要因のひとつでしょう。

前ページ写真3・4・5：
明るいゴールドが点在します。このゴールドがアクセントカラーとして建造物のデザインのポイントになっているのが特徴的です。ブロンズの濁った緑もよく見られます。

Colors in the world

Colors in the world

FRANCE

FRANCE

前ページ写真全て：
〜パリ郊外　ヴェルサイユ宮殿〜
もともとは狩りの小屋だったものを、ルイ14世が贅を尽くして作らせた絢爛豪華な宮殿です。
外壁はテラコッタと、大理石が日焼けしたようなエクルベイジュ、外壁の彫刻の色も同色です。屋根はパリ市内でよく見かけるグレイで、テラスの手すり部分にはブロンズの緑、そしてゴールドの装飾が施されています。
パリ市内と比べると色数が多く、華やかさが象徴されています。
宮殿内も、白い石にゴールドの装飾がたくさん施されており、白とゴールドの２色配色が特徴的です。

前ページ一番下：
〜フランス国旗・Teri Color（トリコロール）〜
フランスの色として、国旗は象徴的です。トリコロールとはフランス語で「３色」を意味します。この３色もブルーベースの色です。
フランス革命の時、パリ市の色である赤と青の間にブルボン王家の象徴の白百合の白をはさんだこの３色を国民軍の帽章に用いたのが始まりです。「青」は自由、「白」は平等、「赤」は博愛を象徴しています。以来、革命の象徴として、ルーマニアやイタリア、メキシコなどがこのデザインを継承したといわれています。

Colors in the world

Colors in the world

case8

Australia
オーストラリア

最も長い文化的な歴史を持つ民族アボリジニーの大地に、ヨーロッパ人探検家が降り立って数百年。自由な植民後、世界中から来る人々に新しい出発の地を提供してきた。その土着文化を体現し、寛大なる精神を持ち続ける国、オーストラリア。

AUSTRALIA

Colors in the world

Colors in the world

AUSTRALIA

前ページ写真全て：〜シドニー〜

前ページ写真1・2・3：
建築物の色は、ベースカラーがクリームイエローで、アクセントカラーがイエローベースの濃い赤になっているという配色が多く見られます。
側面のアソートカラー（配合色）にもイエローベースの赤いレンガが配色されています。
このレンガの色はオーストラリアの国土の色を顕著に現す色といえるでしょう。

前ページ写真4・5：
ホテルの内装にも、イエローベースのスカイブルーと、クリームイエローが使用されています。
また、ネープルスイエローの壁とクリームイエローの装飾モール、オレンジのカーテンというイエローベース配色でまとめられているのが特徴的です。

前ページ写真6・7・8：
夜もライトは赤や黄色、オレンジ、グリーンの黄みをおびたライティングが比較的多く見られ、あたたか味を感じさせる不雰囲気が特徴的です。

Australia

Colors in the world

Colors in the world

AUSTRALIA

前ページ写真全て：
〜ウルル・カタジュタ国立公園〜
ウルル(エアーズロック)とカタジュタ(オルガ岩群)は原住民アボリジニーの言葉です。世界遺産にも登録されている、有名な世界一大きな一枚岩です。
姿もきれいですが、色もとても特徴的で見ごたえがあります。太陽の光の違いで色が変わるのです。

前ページ写真1・2・3：
「赤い岩」と表現されるように、土の色と同じ赤に見えたり、夕日を浴びると少しだけピンクをおびた紫に見えたり、明るい朝日を浴びると黄色っぽく見えます。

前ページ写真4：
また、雨が降ると岩肌が深い赤になるのです。登山禁止を知らせる看板のバーは白です。この土地では背景色が赤なので確かに白は見えやすいですね。
先住民アボリジニーの聖地であるウルルは入山禁止になる予定で、このバーはお目にかかれなくなるかもしれませんが、観光者向けの看板は白色を使用することが多いようです。

前ページ写真5・6・7：
オーストラリアそのものの色、といっても過言ではない赤土が広がります。
人工物はその雄大な自然の色に合わせて作られています。国立公園内の屋根は木々の色に合わせて、緑を使用しています。これは野生動物たちへの配慮なのだそうです。

前ページ写真8・9・10：
ホテルなどがあるリゾートエリアでは、赤土の色に合わせた配色が特徴的です。
イエローベースの赤に、黄色、オレンジがいたるところで使用されているのが特徴的です。

Colors in the world

Australia

前ページ写真全て：
～ケアンズ～
世界遺産グレートバリアリーフに面した街です。

前ページ写真1・2：
ヨットハーバーがすぐ目の前にある海側にあるホテルでは、白が基調になっています。
緑やウッドの茶色やパラソルの青があり、ブルーベース配色が見てとれます。珊瑚礁の海の色に合わせた青も所々にアクセントカラーとして使われています。ただ、それでも歩道の色は赤土色が用いられていたり、オレンジの花が植えられていたりと、必ずイエローベースの色が混在しているのが特徴的です。

前ページ写真3・4・5・6：
それに反して、少し内陸に行くと、熱帯雨林のジャングルが広がります。緑が豊かな自然が広がる内陸側のホテルでは、クリームイエローにイエローベースの濃い赤と濃い緑が使用された配色が多くみられます。キュランダ村でも、アボリジニーアートにはこの配色が多く見られます。

前ページ写真7：
アボリジニーの壁画は、オーカーと呼ばれる黄土と赤土や灰を、水や植物油で溶いて絵の具の代わりに用いたといわれています。この配色のルーツなのでしょう。

■参考文献

野村 順一『色の秘密―最新色彩学入門』文藝春秋、2005年。
杉本惠子『生活習慣病予防・克服のためのおいしく楽しく食材５色バランス健康法』フットワーク出版、1998年。
カゴメ株式会社ウェブサイト「野菜の色」
COLOR WORKS『インテリアペイント―色を楽しむ、色と暮らす』主婦の友社、2008年。
佐藤 邦夫『日本列島・好まれる色嫌われる色―カラー・ダイアレクトとテースト・バラエティー』青娥書房、1999年。
佐藤 邦夫『風土色と嗜好色―色彩計画の条件と方法〔改訂版〕』青娥書房、1992年。

＜田岡道子 プロフィール＞

SPIRAL COLOR 代表取締役
東京にてDICカラー＆デザイン株式会社カラーネットワークグループマネジャーを経て、店舗・住宅のカラーコンサルティングやパーソナルカラースタイリストとして全国の企業・大学・専門学校などで講演活動を行う。
現在は、品川にカラーサロンをオープン。
そのほかの活動として、全国美容雑誌などでの衣装スタイリングを担当。ソニーエリクソンのTVCMやローマ映画祭受賞作品映画などに自身のデザインする衣装が起用される。
最近では中国・上海などでもカラーセミナーを実施。新聞・雑誌などの多数の取材を受けるなど、海外にも進出し、幅広い領域で活動を展開している。
公式ホームページ　www.spiralcolor.com

編集協力

中村　睦子（Art Direction and Design）

岩尾　美穂／浅野　直子／吉川　智子／笹部　なつみ／堀井　基子／
小角　真弓／岡橋　明／増田　美穂子／宮内　貴子／小嶋玲子

監修者との契約により検印省略

平成 21 年 11 月 10 日　初 版 発 行

Color of Life
〜色を生活に取り入れよう〜

監修者	田　岡　道　子
編集者	ＳＰＩＲＡＬ　ＣＯＬＯＲ（株）
発行者	大　坪　嘉　春
製版所	美研プリンティング株式会社
印刷所	美研プリンティング株式会社
製本所	株式会社三森製本所

発行所　東京都新宿区下落合2丁目5番13号　株式会社　税務経理協会

郵便番号　161-0033　振替　00190-2-187408　電話　03（3953）3301（編集代表）
FAX　03（3565）3391　　03（3953）3325（営業代表）
URL　http://www.zeikei.co.jp/
乱丁・落丁の場合はお取り替えいたします。

Ⓒ　田岡道子　2009　　Printed in Japan

本書を無断で複写複製（コピー）することは、著作権法上の例外を除き、禁じられています。
本書をコピーされる場合は、事前に日本複写権センター（JRRC）の許諾を受けてください。
JRRC〈http://www.jrrc.or.jp〉　eメール：info@jrrc.or.jp　電話：03-3401-2362〉

ISBN 978-4-419-05407-6　C0030

文部科学省後援　TEST in COLOR COORDINATE

色彩検定®試験対策

3級・2級

SPIRAL COLOR 検定対策部 著

目的を持って学ぶために、各項目の最初に何を学習するのかをまとめている。
重要な語句は太文字で強調し、図表をできるだけ多く用い、関係性を整理しながら学習できるように配慮。

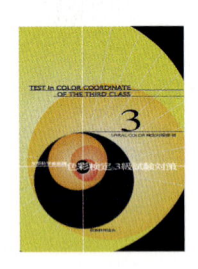

3級 ¥1,890
B5判並製
ISBN978-4-419-05373-4 C2070

2級 ¥1,890
B5判並製
ISBN978-4-419-05372-7 C2070

お求めは、全国の書店 または お電話・FAXで
TEL 03-3953-3325　　**FAX** 03-3565-3391

税務経理協会　http://www.zeikei.co.jp　〒161-0033 東京都新宿区下落合2-5-13